色使いだけで「今日おしゃれだね」と言われる

カラーアナリスト
早川瑠里子

大和書房

はじめに

この本を手に取っていただき、心よりありがとうございます。

私は、ブログやインスタグラムで自身のコーディネートを紹介している早川瑠里子と申します。

この本は、「色」をテーマにおしゃれを考える本です。

アイテム自体はごく普通なのに、なぜかおしゃれに見える人があなたのまわりにもいませんか？

それはきっと、色を上手に使っているからではないかと思うのです。

この本では、どういう色の組み合わせならどんな印象になるということを１５０以上のコーディネートの例を出しながら紹介していきます。もちろん、色使いについてはセンスで自然とできているという人もいるかとは思いますが、知識としてそれを知っているかいないかでは大きな差です。

もちろん、コーディネートの通りに着こなしてくださいということはまったくありません。

コーディネートの上に使っている色をシート状に掲載していますので、そこを見てもらうだけでも「おしゃれに見える色の配色」を感じてもらえるかと思います。

朝の洋服選びが面倒な人、洋服の色合わせがわからないと感じている人、おしゃれに自信がない人……。

そういった方々のコーディネートが楽しく新鮮なものになれば、これ以上ない喜びです。

早川瑠里子

色を味方にすれば
訪れる嬉しい変化

コーディネートで悩まなくなる

どの色とどの色が合うか、ということは実は答えがあることなので、知ってしまえば悩むことがなくなります。

積極的に色を使えるようになる

「無難な色使い」ではなく、時と場所、会う人を想定して、こういう印象にしたいからこの色、というふうに積極的に色を使えるようになります。

自分に合う色がわかる

Part 6のパーソナルカラーでは、よりあなたの肌、髪などの色に合った色やコーデを紹介しています。「似合う」と言われる色がわかります。

流行りに振り回されなくなる

今季の流行色だから、という理由で自分に合わない色を買ったことがありませんか？ 色を知れば、「好きだけど合わない色」はボトムスや小物など目立たないところにしようなどといった視点が身につきます。

たんすの肥やしが復活する

素敵だと思って買ったけれど、使い方がわからないというアイテム、よくありますよね。色使いがわかれば、主役にしない使い方、ちょっと効かせる使い方がよくわかります。

CONTENTS

Part 1 BASIC
ベーシック

Part 4 ACCENT
アクセント

Part 5 CHIC
シック

Part 2

FRESH

フレッシュ

Part 3

RELAX

リラックス

Part 6

PERSONAL

パーソナル

この本の読み方・使い方

- 色の名称は、できる限りショップなどで使われているものを選びました。
- 紹介しているコーディネートは一例です。上部の色表記を自由に活用してください。
- この本では一般に「カーキ」と分類される色を「オリーブ」と表記しています。
- 写真の洋服の色と色表記には多少の差があります。
- Ｐａｒｔ２では色の基礎知識、Ｐａｒｔ６ではパーソナルカラーについて触れています。「配色の基本」と「あなたに合う色」を取り混ぜながら、コーディネートを作ってみてください。

「いつものコーデ」を
つくる頼れる7色

Part 1

BASIC

White

Gray

Beige

Brown

Navy

Olive

Black

平日の基本コーデはここから！

この章では、基本の色と言われる無彩色（黒、白、グレー）、ベージュ、ブラウン、ネイビー、オリーブの7色を中心としたコーディネートを紹介していきます。

　この7色はどんな組み合わせにしてもまとまる頼れる色たち。毎日のスタメンに用意しておきたいものばかりです。基本色だけでコーディネートをつくってみて物足りない場合は、パンチのきいた小物、トレンド感のある小物を合わせたり、着崩したりすることでおしゃれ感がアップします。

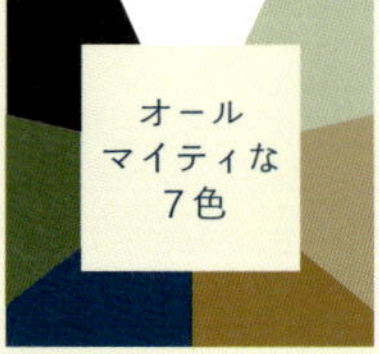

Navy
ネイビー

Dark blue
ダークブルー

紺色のコーデ

誠実さや信頼感を与える

#パーティー

知的なレディスタイル

かしこまった雰囲気になるオールネイビー。シンプルなアイテムでトーンも揃えるとかちっとしすぎるので、トーンを変え、デザイン性のあるアイテムや大ぶりの小物を入れることでこなれた雰囲気に仕上がります。

ブラウス BonnSylph
スカート BASEMENT online
バッグ Devilish Tokyo
パンプス AmiAmi

Navy
ネイビー

Baby blue
ベビーブルー

White
ホワイト

爽やかで清楚

涼しげに見えるブルーの濃淡配色。ブルーだけでなく小物もシルバー、白（暖かみのある白ではなく、寒色系の白）にし、ぱっと見た時に冷たく感じる色で揃えて。

Tシャツ	UNIQLO
カーディガン	UNIQLO
スカート	IENA
バッグ	titivate
バレエシューズ	GU

#7月

Navy
ネイビー

Olive green
オリーブグリーン

White
ホワイト

#ベーカリーカフェ

ニット	BASEMENT online
パンツ	GU
バッグ	RODE SKO
スニーカー	adidas

こなれ感のあるラフさ

カーキとネイビーはおしゃれに見える配色だと思います。この暗めの色合わせに、明度が高いホワイトを入れることで、リッチカジュアルな雰囲気に仕上がります。

Navy
ネイビー

White
ホワイト

Dark blue
ダークブルー

横浜へ

ジャケット UNITED ARROWS
ボーダーT GU
スカート BASEMENT online
バッグ Devilish Tokyo
パンプス AmiAmi

爽やかなマリンルック

ネイビーにホワイトを足すことでフレッシュ感が出ます。ボーダーとレースをミックスすることで、女友達にも受けがよさそうなバランスのとれたコーディネートの完成。

Navy
ネイビー

Gray
グレー

Light blue
ライトブルー

大人カジュアル

デニム、スニーカーであっても、ネイビー&グレーという落ち着いた大人色を入れることで子どもっぽくなりません。大人っぽさを足したい時は暗めのネイビーが◎。

近所の公園

アウター UNIQLO
ニット UNIQLO
デニム 無印良品
スニーカー CONVERSE
バッグ L.L.Bean

Beige
ベージュ

Blue
ブルー

安心感や暖かみを感じる色

ベージュのコーデ

#代官山へ

ニット UNIQLO
デニム ZARA
バッグ PRADA
サンダル FABIO RUSCONI
ベルト ZARA

大人のこなれたデニムコーデ

シンプルな配色だからこそ、リッチな小物を組み合わせて。セレブの休日をイメージしたコーディネートです。ベージュとブルーは反対の色なので、ぱっとしたコントラストが出ます。ファッショナブルな街へのお出かけに。

Ecru beige
エクリュベージュ

Brown
ブラウン

リッチ感のある大人コーデ

落ち着いて見られたい、落ち着いた場所に行きたい時に重宝するクラシカルなコーディネートです。かごバッグを外せば、オフィスコーデの配色としてもおすすめです。

#美術館

ニット	FEERICHELU
スカート	FEERICHELU
バッグ	FEERICHELU
ブーツ	SESTO

Beige
ベージュ

Navy
ネイビー

Black
ブラック

#上品カジュアル

トレンチ	LEPSIM
ワイドパンツ	LEPSIM
ボーダーT	GU
バッグ	ZARA
スニーカー	CONVERSE

落ち着いて上品に見える

フレンチシックをイメージしたスタイル。ベージュ×ネイビーはアイテムがカジュアルであっても上品さがあり、こなれた感じに仕上がるので取り入れやすい色合わせです。

Beige
ベージュ
Dark green
ダークグリーン
Brown
ブラウン

朝活

ニット	SENSE OF PLACE
パンツ	UNIQLO
バッグ	FEERICHELU
パンプス	SESTO

きちんとして見える大人配色

ラフな雰囲気の大人カジュアル。茶色の小物で締めています。このコーディネートで使っているような彩度が高めのグリーンは、カジュアル感が増して、あか抜けます。

Beige
ベージュ
Navy
ネイビー
Grege
グレージュ

知的で女性らしく

2色だけでまとめたコーディネートです。ネイビーとベージュは反対の色でお互いを引き立たせる色合い。清楚、知的な印象があるコーデで、シンプルだけど目立つスタイル。

接待

ニット	UNIQLO
スカート	GU
バッグ	CÉLINE
パンプス	COLE HAAN

Ivory
アイボリー

Ecru beige
エクリュベージュ

Camel
キャメル

#打ち合わせ

ブラウス　ZARA
バッグ　RODE SKO
サンダル　SESTO

女性らしく優しげに

ベージュとアイボリーでまとめた女性らしくやわらかい印象のコーディネート。どんな世代からも好印象な配色です。インナーにも白やベージュのノースリーブなどトップスに響かない色合いのものを選ぶと◎。

白のコーデ

無敵の清潔感を誇る基本色

White
ホワイト

Blue
ブルー

Black
ブラック

#カフェで仕事

シャツ	UNIQLO
デニム	ZARA
ベルト	NATURAL BERRY
バッグ	ZARA
パンプス	DONOBAN

フレッシュな存在感

モノトーンにブルーを1色加えたモダンなイメージのコーディネートです。究極のシンプルスタイルですが、かっこよく、できる女性を感じさせる色使いです。バッグはクラッチを選んで、こなれた雰囲気に。

Dark blue
ダークブルー

Off white
オフホワイト

涼しげで清楚

ネイビー×ホワイトの王道マリンルック配色。配色は普通なので、ジャケットは辛め、スカートは甘めで甘辛ミックスさせると、メリハリのあるコーディネートになります。

#海岸を散歩

ジャケット	PLST
Tシャツ	UNIQLO
スカート	UNIQLO
バッグ	LEPSIM
サンダル	SESTO

Light gray
ライトグレー

Off white
オフホワイト

Black
ブラック

#シックスタイル

コート	JOURNAL STANDARD
ニット	ROPÉ mademoiselle
ストール	ZARA
パンツ	LEPSIM
バッグ	FEERICHELU
ブーツ	SESTO

大人の高級感

全て無彩色で構成されたコーディネート。シックでモダンな雰囲気です。冬のオールホワイトコーデはかわいらしくなりがちですが、あえてハンサムに仕上げて印象的に。

白 White

Brown
ブラウン

White
ホワイト

Grege
グレージュ

#デスクワーク

ニット	ROPÉ mademoiselle
パンツ	LEPSIM
バッグ	CÉLINE
シューズ	SENSE OF PLACE

大人の落ち着き、余裕

地味になりやすいブラウンを一気に格上げしてくれるのがホワイト。ブラウンとホワイトの配色は落ち着き感と清潔感を与えることができるのでオフィススタイルにぴったり。

Black
ブラック

Ivory
アイボリー

都会的なレディスタイル

ホワイト×ブラックでクールでモダンな印象に。究極のシンプル配色だからこそ、アイテムはデザイン性のあるものを選びましょう。少し格式の高いお店でのディナーにも。

#ディナー

ニット	UNIQLO
スカート	FEERICHELU
クラッチ	ZARA
パンプス	SESTO

オリーブのコーデ

心を癒してくれる自然の色

Olive
オリーブ

Black
ブラック

＃公園

バッグで
アクセント

マニッシュな大人コーデ

オリーブ×ブラックはいずれも彩度・明度が低く、大人っぽい印象になります。ただ、色としての主役感はないのでパイソン柄のバッグなどパンチのある小物を使うとこなれた雰囲気にできます。

ニット　UNIQLO
パンツ　Liala×PG
バッグ　URBAN RESEARCH
ローファー　ZARA

Navy
ネイビー

Olive green
オリーブグリーン

Brown
ブラウン

知的でクール

このコーディネートでは、ネイビーに対してオリーブとブラウンが反対に近い色なのでメリハリがついたコーデになります。同色のバッグ、靴、ベルトの3点セットが効果的。

#ミーティング

ジャケット　UNITED ARROWS
ニット　UNIQLO
パンツ　GU
クラッチ　Classicalelf
パンプス　SESTO

Olive
オリーブ

Brown
ブラウン

Navy
ネイビー

シャツ　BASEMENT online
スカート　UNIQLO
バッグ　Devilish Tokyo
パンプス　SESTO

#秋コーデ

大人の落ち着き感

靴以外を近い色味でまとめているので、まとまりと落ち着き感のある配色になっています。靴はコーディネート全体の反対の色を使って、アクセントを効かせました。

White
ホワイト

Olive
オリーブ

Beige
ベージュ

洗練された大人カジュアル

大人カジュアルな配色。オリーブは夏に使うにはやや重い感じもありますが、帽子・バッグ・靴の小物を風通しのよさそうな素材を組み合わせることで爽やかさを出して。

#避暑地へ

ノースリーブ	IENA
パンツ	GU
バッグ	story.
サンダル	SESTO

Beige
ベージュ

Olive
オリーブ

#PTA

カットソー	UNIQLO
スカート	FEERICHELU
バッグ	RODE SKO
パンプス	COLE HAAN

ナチュラルで穏やか

オリーブ×ベージュは、やわらかい印象を出しやすい便利な配色です。初対面の人への印象も穏やかなイメージになるので、ビジネスシーンや学校行事などのシーンで活躍。

グレーのコーデ

上品でどんな色にもなじむ色

Light blue
ライトブルー

Medium gray
ミディアムグレー

Black
ブラック

#海へドライブ

爽やかできれいめ

ブルーの爽やかさとグレーの上品さをミックスしたきれいめスタイル。かっちりしている上下に、ローファーとボーダーカーデを合わせてこなれた印象に。靴をパンプスにすればオフィスコーデにも使えます。

シャツ	UNIQLO
パンツ	UNIQLO
カーディガン	UNIQLO
バッグ	ZARA
ローファー	ZARA

Medium gray
ミディアムグレー

Black
ブラック

#ライブ

ニット	UNIQLO
パンツ	Liala×PG
バッグ	URBAN RESEARCH
シューズ	SHOES HOLIC

洗練された大人コーデ

グレーとブラックの2色にしぼった無彩色配色です。シックでモダン、都会的なイメージになります。印象が固くなりすぎないように、パンチの効いた小物をプラスしました。

Light gray
ライトグレー

Baby pink
ベビーピンク

Beige
ベージュ

優しくやわらかい

グレーとピンクの春っぽく優しい配色です。上下とも明度が高いので、ベルトで締めています。小物はやわらかな雰囲気を活かすために黒ではなくベージュを選んで。

#春コーデ

カーディガン	UNIQLO
パンツ	UNIQLO
バッグ	PRADA
パンプス	COLE HAAN

Off white
オフホワイト

Medium gray
ミディアムグレー

Grege
グレージュ

#まったりな休日

ニット SLOBE IENA
パンツ PLST
ストール LEPSIM
バッグ FEERICHELU
パンプス SESTO

清潔感ある冬コーデ

白とグレーの無彩色配色は上品さを演出できる組み合わせ。ゆるニットとワイドパンツという鉄板の組み合わせで、こなれた雰囲気を出すことができます。

Charcoal gray
チャコールグレー

Brown
ブラウン

落ち着いた秋コーデ

落ち着いた雰囲気に見せる配色です。彩度に差があることでメリハリがつきます。バッグに巻いたスカートと同系色のスカーフも全体のアクセントになります。

#展覧会

ニット Devilish Tokyo
スカート UNIQLO
バッグ Devilish Tokyo
ブーツ SESTO

Light gray
ライトグレー

Beige
ベージュ

#観光デート

カーディガン Liala×PG
セットアップ Roomy's
スニーカー adidas
バッグ kalie.

スニーカーで
甘さ調整

優しい色合いで大人のかわいさ

ライトグレー×ベージュの配色は、上品で優しげな、女性らしい印象になります。全体はきれいめですが、スニーカーで外してカジュアルさをプラス。女子旅や歩きまわるデートなどにぴったりのスタイルです。

「色合わせの妙」を
感じさせる配色

Part 2

FRESH

Lemon yellow

Green

Turquoise blue

Lavender

Violet

Wine red

Cherry pink

色相とトーンを知る

アイテム自体はシンプルなのに、色と色の組み合わせが新鮮でおしゃれに見える。そういうことがありますよね。この章では、どんな色と色がまとまりよく見え、メリハリがあるのか、印象的なのかを色相とトーンを参照しながら紹介していきます。

PCCS色相環

©日本色研事業株式会社

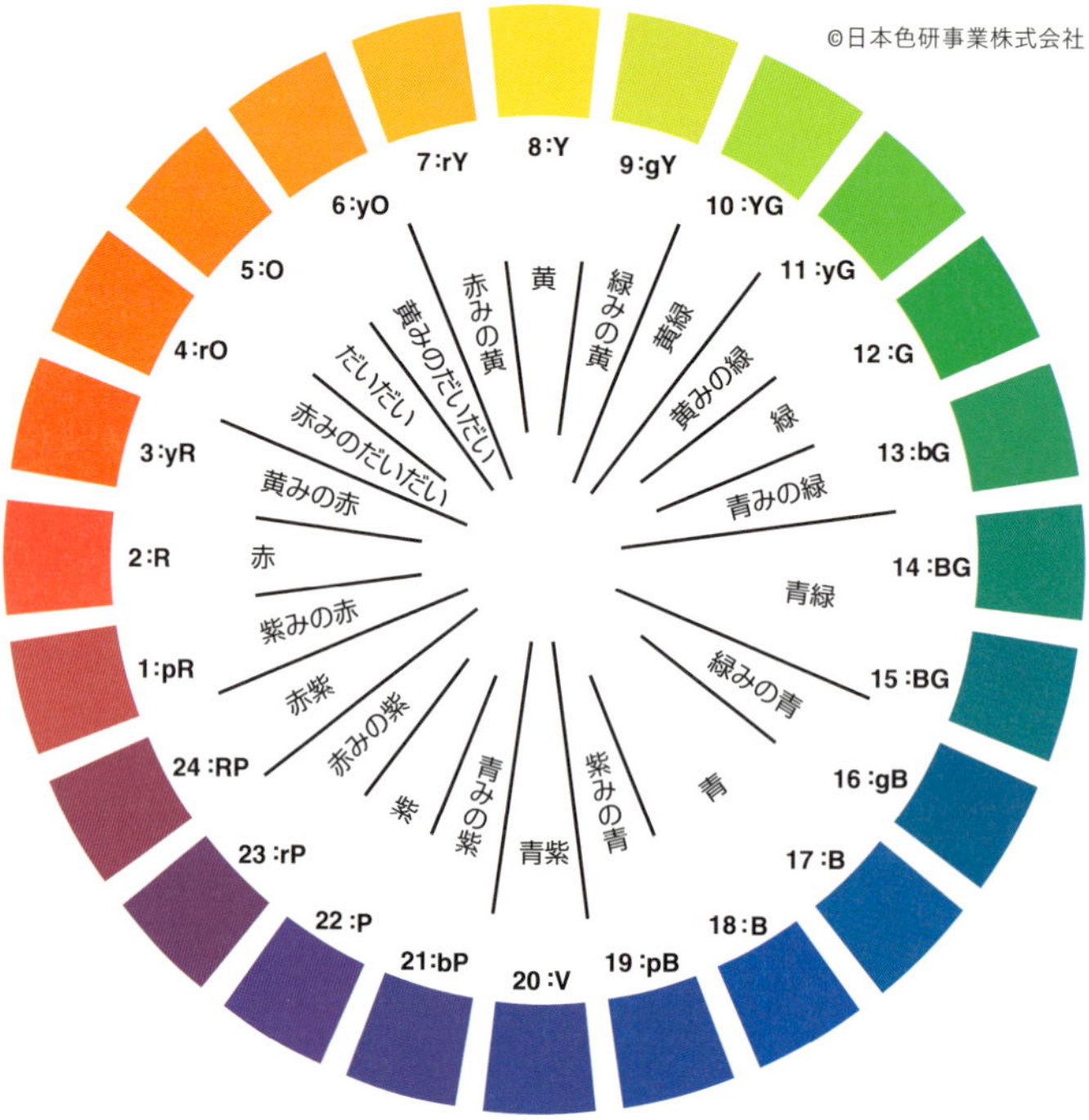

色相

こちらは色彩調和を主な目的としてつくられた色彩体系でPCCS色相環といいます。24色の純色で色相環を成していて、色と色の関係がひと目でわかります。

黄（8:Y）を例にした場合

中差色相配色

4から7
離れている色相
»共通性ほぼなし、オリエンタルな

12 13 14 15
4 3 2 1

同一色相配色

8:Y

色相差ゼロ
»統一感、まとまり

対照色相配色

8から10
離れている色相
»メリハリ、共通性なし

16 17 18
24 23 22

隣接色相配色

9:gY 7:rY

隣の色相
»統一感、まとまり

補色色相配色

真反対と
その両隣の色相
»メリハリ、派手

19 20 21

類似色相配色

6:yO 5:O
10:YG 11:YG

2または3
離れている色相
»調和感、共通性

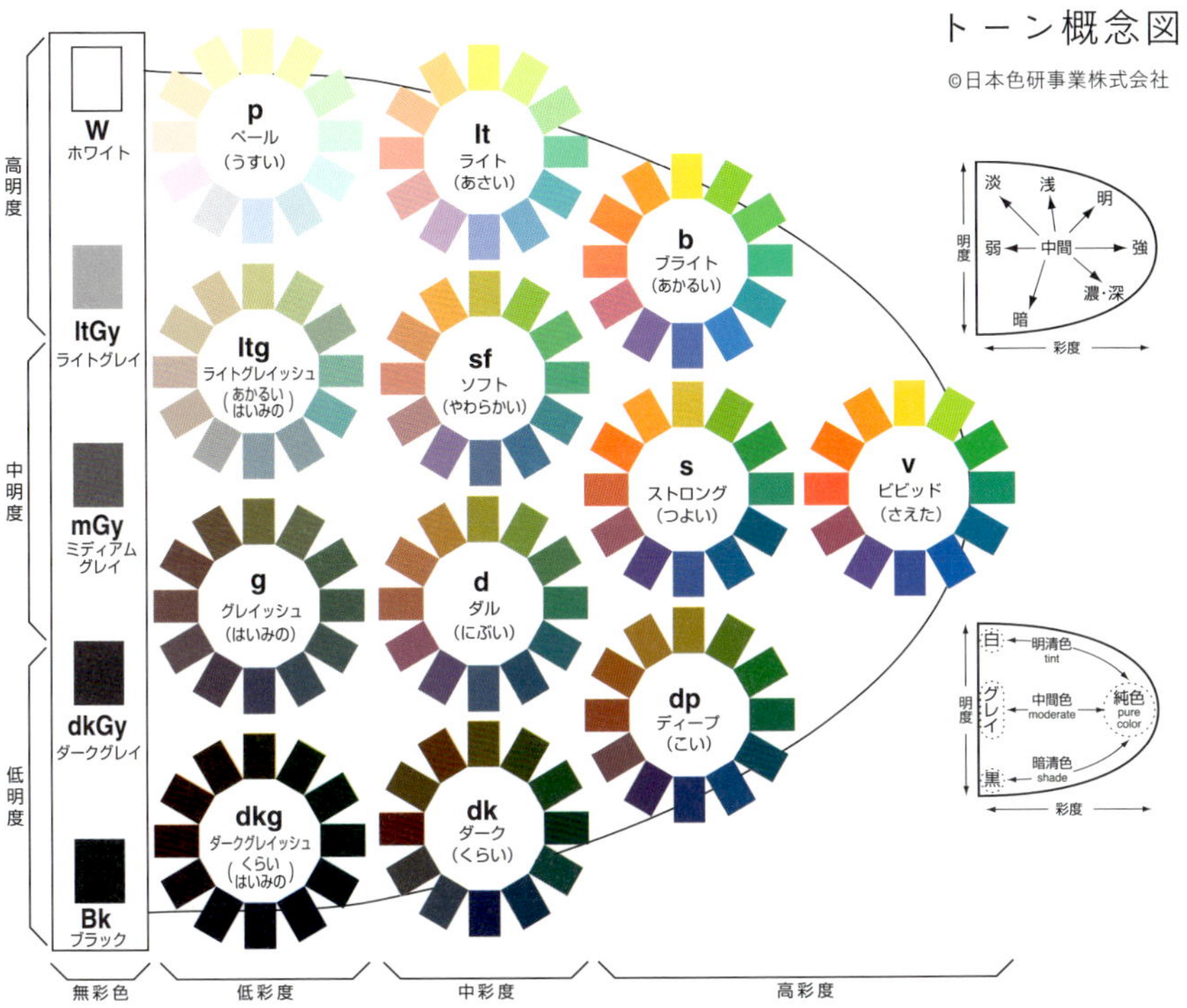

トーン

明度・彩度が共通する色をまとめたものがトーン。このトーン概念図では有彩色を12のトーンに、無彩色は左端部分に5種類に分類されています。

対照トーン

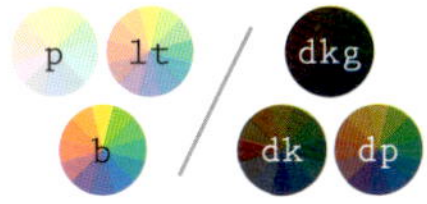

ペール／ライト／ブライトと
ダークグレイッシュ／ダーク／ディープ

ブライト／ストロング／ディープ／ビビッドと
ペール／ライトグレイッシュ／グレイッシュ／ダークグレイッシュ

»メリハリ、コントラスト
※ソフトトーン、ダルトーンはなし。

ビビッドトーンを例にした場合

類似トーン

トーンの円が隣接しているトーン

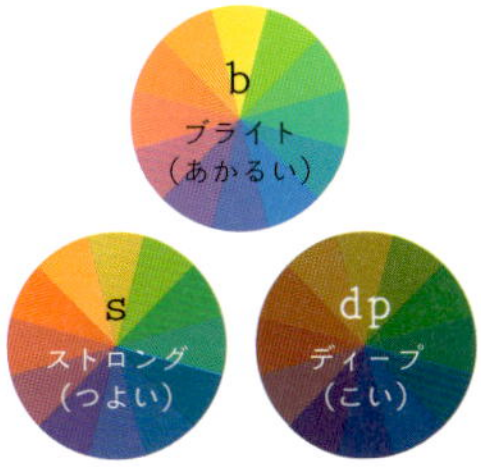

»共通性、まとまり

同一トーン

同じトーンの円の中にあるすべての色

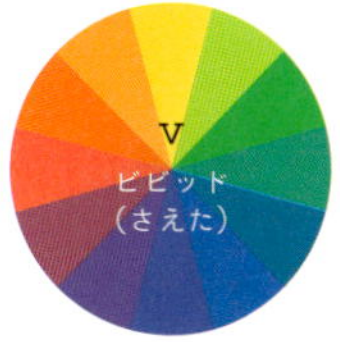

»トーンのイメージがそのまま伝わる。共通性、まとまり。

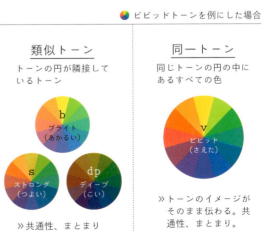

まとまり配色のコーデ

まず身につけたい、落ち着きコーデ

Lavender
ラベンダー

Dark blue
ダークブルー

Lilac
ライラック

隣接色相　対照トーン

#ディナーデート

上品で艶やかな大人の女性に

ラベンダー系は上品で高貴な印象を持たせやすい色。レースのスカートを合わせると、艶やかな雰囲気になります。甘すぎない大人の女性を感じさせる配色で、仕事帰りのディナーなどにもぴったり。

ニット　UNIQLO
スカート　BASEMENT online
バッグ　Devilish Tokyo
ストール　Spick & Span
パンプス　AmiAmi

※Part2のコーディネートは色相でグループ分けをしています。

Mustard yellow
マスタードイエロー

Olive
オリーブ

同一色相　類似トーン

#紅葉狩り

ニット　UNIQLO
スカート　FEERICHELU
バッグ　yokko de Jolie Chambre
シューズ　SHOES HOLIC

秋に着たい大人の配色

深くて濃い色合わせは、どこか秋をイメージさせ、落ち着いた印象になります。上下同系色のコーディネートでぼんやりしがちなところを黒のシューズで引き締めて。

Beige
ベージュ

Lemon yellow
レモンイエロー

Camel
キャメル

類似色相　対照トーン

ビタミンカラーもなじんで見える

黄色は明るく、派手な色。それをベージュやキャメルで落ち着かせた、大人のフレッシュ感を感じさせるコーデ。自分自身が疲れている時に着ても、色から元気をもらえそう。

#ネイルサロン

ニット　UNIQLO
カーディガン　UNIQLO
スカート　Liala×PG
バッグ　FEERICHELU
サンダル　SESTO

Brown
ブラウン

Mustard yellow
マスタードイエロー

Beige
ベージュ

類似色相　対照トーン

＃ご挨拶

「きちんと見せたい」そんな日に

ブラウン×ベージュは穏やかで、落ち着いた印象に見られたい時にぴったりの配色。差し色のマスタードイエローも派手すぎない色です。無難な配色ながら華やかさもあるので、義実家へ行くといったシーンにも使えそうです。

コート LEPSIM
ニット UNIQLO
スカート BASEMENT online
バッグ kalie.
ブーツ SESTO

Dark Brown
ダークブラウン

Bordeaux
ボルドー

Black
ブラック

類似色相　類似トーン

深みのあるクラシカルスタイル

落ち着いた大人の高級感を醸し出す低明度で揃えた配色。格式高い場所でも浮かずになじめそうなコーデです。小物類の時計、パンプス、クラッチはすべて黒で全体を締めて。

#ピアノバー

ニット UNIQLO
スカート UNIQLO
バッグ FEERICHELU
パンプス SESTO

Brown
ブラウン

Wine red
ワインレッド

Beige
ベージュ

類似色相　対照トーン

#ミュージカル

ニット ROPÉ mademoiselle
スカート UNIQLO
バッグ kalie.
パンプス SESTO

気分が変わるクラシカルコーデ

このコーディネートのように、低明度の色と茶系で全体をまとめると、クラシカルな配色になります。落ち着いた色合わせにレオパード柄のパンプスを合わせて遊び心をプラス。

なじまないけれど独特な雰囲気を醸し出す
オリエンタル配色のコーデ

Grege
グレージュ

牡丹色

Beige
ベージュ

中差色相　対照トーン

#お花見

春に似合う優しげなコーデ

女性的で優しげ、そして穏やかな雰囲気に見える配色です。ピンクは苦手な人もいると思いますが、ベージュやグレージュと合わせれば大人のピンク使いに。トップスとボトムスが対照トーンなのでメリハリ感もあるコーデ。

ニット SENSE OF PLACE
スカート H/standard
バッグ FEERICHELU
サンダル SESTO

Green
グリーン

Mustard yellow
マスタードイエロー

Brown
ブラウン

中差色相 類似トーン

#打ち上げ

ニット ROPÉ PICNIC
パンツ SENSE OF PLACE
バッグ FEERICHELU
パンプス SESTO

元気になれそうなビタミン配色

はつらつとして、若々しさのある緑と黄色の配色。こちらは上下派手な色合わせなので、全身を3色でまとめて。注目を引きたい時、目立ちたい時に使うとよいでしょう。

Dusty pink
ダスティーピンク

Blue
ブルー

中差色相 類似トーン

フェミニンなカジュアル

ダスティピンクのかわいらしさにクラッシュの入ったデニムを合わせた甘辛ミックスのスタイル。チェーンバッグ、白スニーカーをプラスしてきれいめカジュアルに仕上げて。

ニット garden by Valmuer
デニム ZARA
ストール Spick & Span
バッグ Devilish Tokyo
スニーカー adidas

#遊園地

Navy ネイビー
Mallow マロー
Lilac ライラック
中差色相 対照トーン

＃接待

ニット UNIQLO
スカート chouette
ストール Spick & Span
バッグ GU
パンプス AmiAmi

フェミニンさ漂うスカートコーデ

マローのスカートが印象的なフェミニンコーデ。黒ではなくあえてネイビーを合わせることでおしゃれ度がアップ。信頼度を高め、上品でエレガントに見せたい時に。

Navy ネイビー
Peacock green ピーコックグリーン
Beige ベージュ
中差色相 対照トーン

帽子、かごでより涼しげに

清涼感のあるコーデは、リブTシャツに、主役感のあるフレアスカートを合わせて大人っぽく。グリーンは青みがかった寒色系のグリーンなので、シルバーとの相性も◎。

＃軽井沢旅行

Tシャツ UNIQLO
スカート SENSE OF PLACE
バッグ LEPSIM
パンプス GU

青緑
Violet バイオレット
Black ブラック

中差色相　類似トーン

#イベント

さりげなく華麗な雰囲気

華麗で艶っぽく、おしゃれに見える配色。上下の服いずれも主張がある色なので、小物は黒で揃えて3色コーデに。青紫とバイオレット同士に調和感はありませんが、トーンが同じなので全体としてまとまって見えます。

カーディガン	Petit Honfleur
スカート	Roomy's
バッグ	FEERICHELU
パンプス	SESTO

Shell pink
シェルピンク

Olive
オリーブ

中差色相　対照トーン

#部署の飲み会

トップス　Spick & Span
パンツ　GU
バッグ　kalie.
サンダル　FABIO RUSCONI

話しかけやすいナチュラルさ

言うなれば、「優しくて頼りがいがある先輩」をイメージさせる配色。上下シンプルなデザインだからこそ、素材感を意識し、シャイニーなバッグ、靴でしゃれ感をプラス。

Olive green
オリーブグリーン

Terracotta
テラコッタ

Brown
ブラウン

中差色相　類似トーン

どこかエスニック感あり

どことなくエスニック感が漂うコーディネート。ぱっと目を引くようなテラコッタの色合いがバイタリティーを感じさせ、力強い印象になります。小物はブラウンで揃えて。

トップス　UNIQLO
パンツ　and Me
バッグ　Classicalelf
パンプス　SESTO

#アジアンカフェ

反対の色を使うことで印象的に
メリハリ配色のコーデ

Camel キャメル
Turquoise blue ターコイズブルー
Brown ブラウン

対照色相　対照トーン

#マルシェ

大人の余裕がある休日コーデ

プライベートな時間にリラックスして着たい落ち着きのあるメリハリ配色。ターコイズブルーとベージュやキャメルは反対の色に近くなります。小物はトップスと同系色にして、スカートに対してトーンで差をつけました。

トップス　GU
スカート　BASEMENT online
バッグ　yokko de jolie chambre
サンダル　FABIO RUSCONI

Navy
ネイビー

Mustard yellow
マスタードイエロー

補色色相 類似トーン

BAR

トップス	BASEMENT online
パンツ	SENSE OF PLACE
バッグ	Devilish Tokyo
パンプス	AmiAmi

活気ある大人の女性

「生き生きとした大人」を演出してくれるコーディネート。黄色は、その色だけで勝手に人目を引く色です。目立ちたいけど子どもっぽいのはイヤ。そんな時に使える配色。

Dark blue
ダークブルー

Red
レッド

対照色相 トーン配色なし

情熱的に動きたい時に

赤はアクティブさ、情熱を感じさせる色。自分自身が行動的に動きたい時にも後押ししてくれます。きれいめアイテムとカジュアルアイテムを組み合わせて、こなれた感じに。

ジャケット	PLST
トップス	LEPSIM
スカート	UNIQLO
バッグ	FEERICHELU
パンプス	AmiAmi

ボーリング

Dusty blue
ダスティーブルー

Brown
ブラウン

補色色相 | トーン配色なし

ほっこりと過ごす休日に

ワイドパンツとゆるニットはらくちんなのにおしゃれに見えるコーデ。ブラウン系はブルー系と反対の色なので相性がよく、簡単にこなれた雰囲気に仕上がるのでおすすめ。

#ブックカフェ

ニット Roomy's
パンツ Abahouse Devinette
バッグ yokko de jolie chambre
スニーカー adidas

Grape
グレープ

Olive
オリーブ

Black
ブラック

補色色相 | 類似トーン

#初秋コーデ

トップス SENSE OF PLACE
スカート FEERICHELU
バッグ URBAN RESEARCH
サンダル SESTO

こなれた雰囲気のかっこよさ

成熟した大人のかっこよさが出る配色。全体的に明度も低く、一見地味に見えますが上下正反対の色なため、程よいメリハリ感があります。パイソン柄のバッグもポイントに。

Lilac
ライラック

Cream yellow
クリームイエロー

White
ホワイト

対照色相　同一トーン

#ティールーム

トップス Liala×PG
スカート UNIQLO
バッグ titivate
シューズ SENSE OF PLACE

女性らしく、子どもっぽくない

ペールトーンでまとめた配色です。優しくかわいい雰囲気ですが、ライラックを使うことで、子どもっぽくなりすぎません。全体が甘いので、足元はおじ靴で締めて。

Light blue
ライトブルー

Olive green
オリーブグリーン

Black
ブラック

対照色相　対照トーン

メンズライクな爽やかさ

清涼感を感じる配色。力が入っていない、大人の爽やかコーデです。シルバーのバッグは便利なアイテムで、ベーシックなコーディネートに足せば、それだけで垢抜けます。

#買い出し

シャツ UNIQLO
パンツ GU
バッグ HITCH HIKE
スニーカー CONVERSE

Navy
ネイビー

Terracotta
テラコッタ

Brown
ブラウン

対照色相 | 類似トーン

シンプルだけど インパクト大

テラコッタ色のパンツにネイビーのゆるっとしたタートルを合わせました。コーデとしてはゆるっとしていますが、反対の色合わせなのでメリハリ感があります。

ニット BASEMEMT online
パンツ and Me
スニーカー CONVERSE
バッグ Devilish Tokyo

#おでかけ

Brown
ブラウン

Violet
バイオレット

対照色相 | 類似トーン

#先輩宅へお呼ばれ

ジャケット Liala×PG
ニット UNIQLO
スカート Roomy's
バッグ kalie.
パンプス SESTO

艶っぽく 大人の雰囲気に

ライダースとパープルのスカートという主張の強いアイテム同士。ベージュのストールがやわらげ役になっています。色数少なくまとめて。大人っぽく、艶っぽい雰囲気。

Light blue
ライトブルー

Mustard yellow
マスタードイエロー

対照色相　対照トーン

#歓迎会

シャツ	UNIQLO
カーディガン	ZARA
パンツ	SENSE OF PLACE
バッグ	RODE SKO
パンプス	SESTO

フレッシュに見せたい時に

ブルー×イエローは、フレッシュ感、若々しさをアピールしたい時におすすめな組み合わせです。スカーフは、パンツと色みを合わせてまとまり感を出しました。

Light blue
ライトブルー

Red
レッド

White
ホワイト

対照色相　対照トーン

さわやかなマリンルック

色相もトーンも反対で、メリハリがついたコーデ。青、赤、白3色のトリコロールカラー配色でコントラスト感が出て明快な印象になります。ボーダーのカーデもアクセントに。

#海へドライブ

シャツ	UNIQLO
カーディガン	UNIQLO
スカート	KOBE LETTUCE
バッグ	titivate
スニーカー	adidas

無彩色とのコーデ

1色の差し色がぐんと存在感を持つ

Lilac
ライラック

Medium gray
ミディアムグレー

#ミーティング

洗練された働く女性

パープル系×グレー系は上品で高貴な印象を持たれる配色です。知的さも感じられ、オフィススタイルにもぴったり。ここでは白を使ってソフトな印象に仕上げていますが、黒を使えばかっちりとした雰囲気になります。

トップス	Liala×PG
ボトムス	PLST
バッグ	RODE SKO
サンダル	SESTO

Mustard yellow
マスタードイエロー

Medium gray
ミディアムグレー

#アフタヌーンティー

明るく上品なイメージ

秋らしさのあるおしゃれなこっくり配色。チェックを使う時はその中の色を服や小物にリンクさせると、うまくまとまります。グレンチェックはチェックでも子どもっぽくならないので大人の女性におすすめです。

トップス Bonn Sylph
パンツ Bonn Sylph
バッグ FEERICHELU
パンプス SESTO

Black
ブラック

Lemon yellow
レモンイエロー

White
ホワイト

＃ライブハウス

ジャケット	F by ROSSO
Tシャツ	Devilish Tokyo
スカート	Liala×PG
バッグ	ZARA
スニーカー	adidas

パンチの効いた明快なコーデ

鮮やかな黄色に明度が一番低い黒を合わせることでコントラスト感が増し、目立つコーデになります。派手すぎるという場合は黄色の明度・彩度を下げるとなじみます。

Vivid pink
ビビッドピンク

Black
ブラック

躍動的で強さがある

右のコーディネート同様、黒にビビッドトーンのピンクを合わせた印象的なコーディネートです。派手な色合わせですが、スニーカーを合わせて、カジュアルダウンさせて。

＃オールナイトイベント

ニット	UNIQLO
スカート	Devilish Tokyo
ストール	ZARA
バッグ	FEERICHELU
スニーカー	CONVERSE

ゆったり気分で休日を
満喫するように

Part 3

RELAX

Olive green

Olive

Grege

Light beige

Dusty blue

Baby blue

Terracotta

心を落ち着かせたい時、少し疲れた時に

この章では、気持ちが安らぐような色合わせのコーディネートを紹介していきます。赤は気分が落ち着かない色というふうに聞いたことはありませんか？　赤に限らず派手な色、高彩度な色というのは疲れている時には重く感じたりするものです。

ここでは、高彩度の色は使わず、アースカラー、ベージュ、ブルーなどを中心に、気持ちが落ち着き、穏やかになれる配色をつくりました。休日に心穏やかに過ごしたい、もしくは気分がハイになっているのでトーンダウンしたい時などにぜひ、取り入れてみてください。

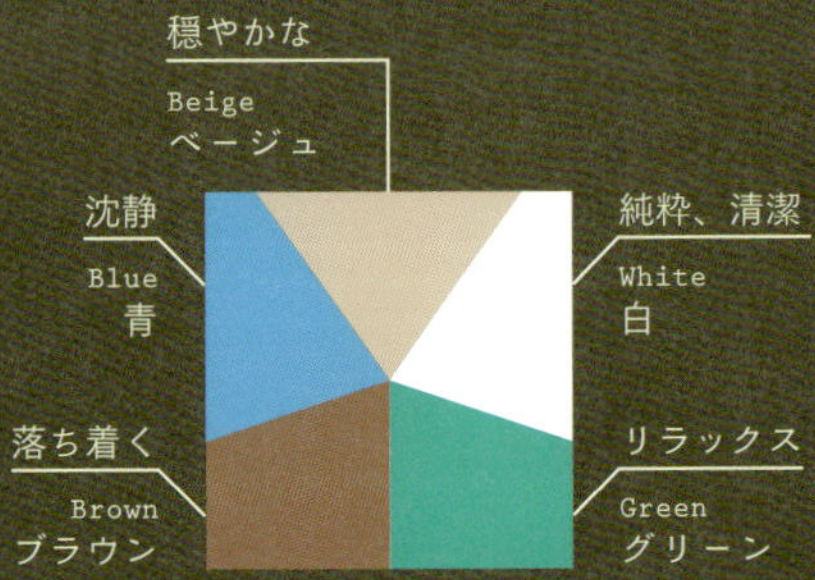

同系色のコーデ

シンプルでもまとまって見える

Cream yellow クリームイエロー
Olive オリーブ
Beige ベージュ

森林浴

ナチュラルで親しみやすい

クリームイエローにオリーブを合わせたナチュラルスタイル。小物とシャツはリネン素材のものを使用し、色相と素材で涼しげな大人のリラックスコーデの完成です。同じ色相で、明度と彩度に差をつけた配色です。

シャツ	UNIQLO
パンツ	GU
バッグ	story.
サンダル	FABIO RUSCONI

Grege
グレージュ

Beige
ベージュ

Camel
キャメル

#モーニング

ニット	H&M
パンツ	Liala×PG
バッグ	RODE SKO
パンプス	COLE HAAN

穏やかに見えるパンツコーデ

名づけてミルクティー配色。包み込まれるような柔らかな雰囲気を感じさせます。着る人自身も見ている人も心落ち着く色合い。色の濃淡で差をつけてのっぺりしないように。

Beige
ベージュ

Mustard yellow
マスタードイエロー

Wine red
ワインレッド

#京都観光

コート	LEPSIM
ニット	Roomy's
スカート	UNIQLO
バッグ	kalie.
ブーツ	SESTO

深みのあるクラシカルコーデ

インナーの上下をディープトーンで合わせたクラシックなスタイル。中の色合いが重い分、トレンチコートで軽やかさを出しています。秋の紅葉シーズンにぴったりな配色。

Navy
ネイビー

Lavender
ラベンダー

フェミニンカジュアル

ネイビー×ラベンダーを使った類似色相コーディネート。まとまり感があります。上品な配色なので、Tシャツとスニーカーを使ってもフェミニンに品よく仕上がります。

Tシャツ	UNIQLO
スカート	FEERICHELU
バッグ	titivate
スニーカー	adidas

ショッピング

Baby blue
ベビーブルー

Royal blue
ロイヤルブルー

Silver
シルバー

資料作成

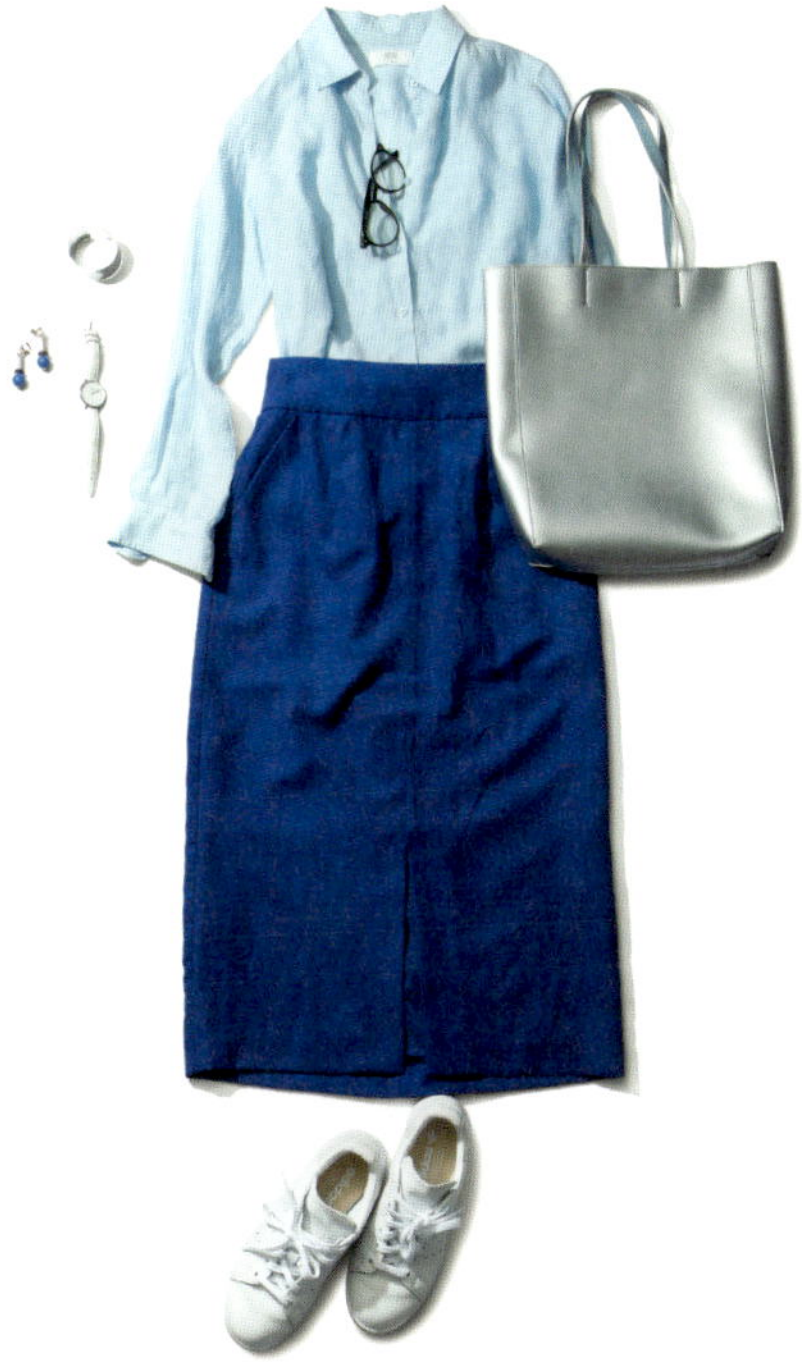

シャツ	UNIQLO
スカート	FEERICHELU
バッグ	HITCH HIKE
スニーカー	adidas

爽やかで涼しげな印象

ブルーの濃淡配色のコーディネート。気持ちを鎮静化させて集中したい時にぴったりな色です。上下ブルーなので、合わせる小物もシルバー、白にして寒色系でまとめると◎。

Beige
ベージュ

Grege
グレージュ

マネしやすくておしゃれに見える ワントーンのコーデ

#会食

きちんと感の出るセットアップ

やわらかく、優しげに見せたい時にぴったりのコーデ。ベージュのセットアップにグレージュの小物を合わせた濃淡配色です。ちなみに、アクセサリーはコーデが暖色＝ゴールド、寒色＝シルバーを選ぶとまとまりやすくなります。

セットアップ Liala×PG
バッグ RODE SKO
サンダル SESTO

Light gray
ライトグレー

Medium gray
ミディアムグレー

Black
ブラック

クラス感のある上級コーデ

ワントーンであっても、上下のグレーの明度を微妙に変えたのがポイント。全部グレーだとぼやけた印象になるので、小物は黒で揃えて全体を引き締めています。

#ギャラリー

ニット UNIQLO
パンツ UNIQLO
バッグ FEERICHELU
ブーツ SESTO

Off white
オフホワイト

White
ホワイト

Grege
グレージュ

#新年会

ニット SLOBE IENA
パンツ LEPSIM
バッグ CELINE
シューズ SENSE OF PLACE

清潔でクリアな印象

オールホワイトですが、トップスはクリームがかった白、ボトムスは真っ白にして変化をつけて。甘くなりがちな冬のオールホワイトをあえてメンズライクに仕上げて。

大地や植物など自然にある色
アースカラーのコーデ

Beige
ベージュ

Dark green
ダークグリーン

Brown
ブラウン

#アウトドア

小物効果でこなれ感をプラス

土の色、木の色など自然の色であるアースカラーを組み合わせたコーデ。キャンプやバーベキューなどアウトドアシーンにはまりそう。白を使って抜け感を出し、メッシュベルト＋かごバッグの茶色で全体を締めています。

ワンピース yokko de jolie chambre
Tシャツ UNIQLO
パンツ UNIQLO
スニーカー adidas

Olive
オリーブ

Brown
ブラウン

Dark orange
ダークオレンジ

＃悩み相談

シャツ	BASEMENT online
ワイドパンツ	Abahouse Devinette
バッグ	Classicalelf
パンプス	SESTO

まとまり感のある大人コーデ

落ち着いた大人の雰囲気を出すこの色合わせ。トップスとボトムスは類似色相、全体は類似トーンでまとめてあり、まとまり感のあるコーディネートです。

Beige
ベージュ

Terracotta
テラコッタ

Camel
キャメル

どことなくオリエンタル

テラコッタは焼いた土の色という意味で、アースカラーに含まれます。類似色相の配色なのでまとまり感があり、オレンジでありながら、派手すぎず大人っぽく仕上がります。

＃アジアン雑貨屋

ニット	UNIQLO
カーディガン	UNIQLO
スカート	UNIQLO
バッグ	FEERICHELU
パンプス	SESTO

心身を癒やしてくれる色 グリーンのコーデ

Grayish green
グレイッシュグリーン

Dark green
ダークグリーン

Camel
キャメル

#リゾートスパ

ナチュラルな濃淡配色

おしゃれに見えるグリーンの濃淡配色です。色の違いがわずかで、そのままだとのっぺりしてしまうため、ブラウンのベルト、ベージュのストール、黒の靴で締めています。着ているだけで癒やされそうなカラーリング。

ニット UNIQLO
パンツ UNIQLO
シューズ SHOESHOLIC

Olive green
オリーブグリーン

Ivory
アイボリー

White
ホワイト

きちんと感がある
リラックスコーデ

コーディネート全体にリネン素材を選んだ、リラックス感のあるスタイル。コットン素材より大人っぽさが増します。高級ホテルで1日を過ごすような特別な休日に。

#リゾートホテル

シャツ	UNIQLO
Tシャツ	UNIQLO
バッグ	story.
ワイドパンツ	UNIQLO
サンダル	SESTO

Olive
オリーブ

Beige
ベージュ

Black
ブラック

#秋の行楽地へ

ブルゾン	Liala×PG
ニット	Roomy's
スカート	Roomy's
バッグ	FEERICHELU
スニーカー	CONVERSE

穏やかで
ナチュラルな印象

中はフェミニンなセットアップ、アウターはマウンテンパーカの甘辛ミックス。写真のようなパーカは艶感のある素材・絞られたデザインならきれいめスタイルにも活躍。

青のコーデ

心を落ち着かせ、鎮静効果がある

Dusty blue	ダスティーブルー
Indigo blue	インディゴブルー
White	ホワイト

#散歩

ニット	Roomy's
ワイドデニム	UNIQLO
バッグ	FEERICHELU
スニーカー	adidas

白のベルトでメリハリ

カジュアルでも誠実な印象に

ビッグシルエットで、リラックス感満載。全身同系色でぼやけてしまう場合は、小物に服と明度差がある色を使うのがおすすめです。このコーディネートでは、白のベルトとスニーカーを使って抜け感をプラスしました。

Beige
ベージュ

Turquoise blue
ターコイズブルー

#主役スカート

ニット	Roomy's
スカート	BASEMENT online
バッグ	FEERICHELU
サンダル	SESTO

癒されるメリハリ配色

ターコイズブルーを主役に、スカートを引き立てる色でまとめたコーディネート。ターコイズブルーとベージュは対照色相配色です。かごバッグでほっこりした雰囲気に。

Baby blue
ベビーブルー

Light blue
ライトブルー

Silver
シルバー

子どもと遊ぶ休日に

ブルーの同一色相、濃淡配色でまとめたコーディネートです。爽やかさ満点。ボーダーのカーデを腰巻きにしてメリハリをつけています。シルバー小物で清涼感もアップ。

#公園

シャツ	UNIQLO
カーディガン	UNIQLO
デニム	無印良品
バッグ	HITCH HIKE
スニーカー	adidas

White
ホワイト

Light Blue
ライトブルー

Navy
ネイビー

白のコーデ

らくちんでも清潔感

#ベイサイド

シルバーは寒色系に合う

清涼感あふれる大人カジュアル

ハイウエストのワイドパンツにロングカーディガンを合わせて縦シルエットにした、脚長効果のあるコーデ。膨張色の白ですが、すっきりとまとまって見えます。服〜小物を寒色系でまとめてベイサイドに似合う配色に。

カーディガン	GU
Tシャツ	無印良品
ワイドパンツ	GU
バッグ	HITCH HIKE
シューズ	GU

Light gray ライトグレー
White ホワイト
Black ブラック

大人のスポーツDAY

カジュアルになりすぎるパーカにはきれいめ無彩色アイテムを合わせると、大人のスポーティミックスな雰囲気、きれいめカジュアルな雰囲気になります。

#スケート場

コート	JOURNAL STANDARD
パーカ	GU
パンツ	Liala×PG
バッグ	HITCH HIKE
スニーカー	adidas

White ホワイト
Ivory アイボリー
Beige ベージュ

#軽井沢旅行

チュニック	GU
ワイドパンツ	UNIQLO
バッグ	story.
サンダル	FABIO RUSCONI

親しみやすいナチュラルコーデ

オールホワイトは色味に少し変化をもたせるのがポイント。また、白のアイテムはハイウエストのものを選んだり、ベルトでお腹まわりをうまくカバーするとスタイルアップ。

なじみやすいニュアンスカラー

くすみ系のコーデ

Shell pink
シェルピンク

Beige
ベージュ

Grege
グレージュ

#とろみ素材

シャツ Spick & Span
パンツ Liala×PG
バッグ CÉLINE
サンダル SESTO

女性らしい優しい配色

上下とろみ素材、光沢感のある素材のコーディネートです。女性らしく、優しく見られたい時におすすめのコーデ。ここではメリハリ色などを使わずにあえてまろやかにまとめています。

Light gray
ライトグレー

Camel
キャメル

Grege
グレージュ

#保護者会

ノースリーブ	URABAN RESEARCH DOORS
カーディガン	UNIQLO
パンツ	Alphabet's alphabet
バッグ	CÉLINE
サンダル	SESTO

調和のとれた上品な印象

グレージュと濃いめのベージュを使い、色のトーンでコントラストをつけているコーデです。上品に仕上がるので、オフィスなどのシチュエーションにもぴったりです。

Baby blue
ベビーブルー

Midium gray
ミディアムグレー

White
ホワイト

冬のまったりコーデ

まったり過ごしたい日の上品な大人カジュアル。上下の淡い色合いを黒のクラッチで締めています。上下ニット素材でらくちんに過ごしたい1日にぴったりのコーディネート。

#映画鑑賞

ニット	Dessin
スカート	BASEMENT online
バッグ	FEERICHELU
スニーカー	adidas

いつもの服に「効かせる」
色でセンスよく

Part 4

ACCENT

Red

Orange

Yellow

Green

Blue

Purple

Pink

おしゃれな人は色小物が上手

洋服に限らず、色使いにおいて一番中心になる色をベースカラー、次に分量の多い色をアソートカラー、残りの色をアクセントカラーと呼びます。通常はアクセントカラーは5％くらいが基本です。小さい面積ながら、全体の印象を強くしてくれる強力な助っ人です。ベースカラーやアソートカラーに対して対照の色をアクセントカラーに使うと効果的だと言われています。

コーディネートのどこに使うかは自由ですが、靴やバッグ類などの小物から取り入れると使いやすいでしょう。

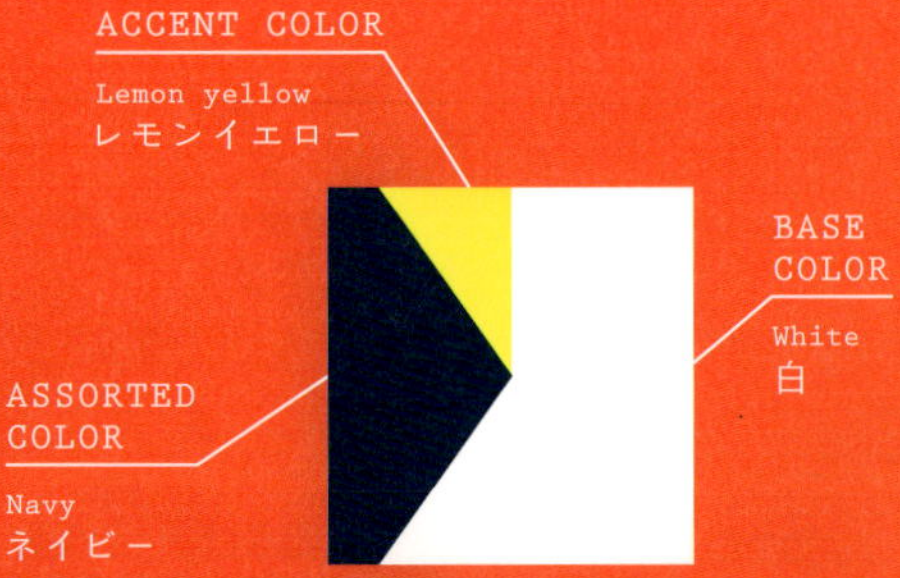

親しみやすい、元気な色

オレンジのコーデ

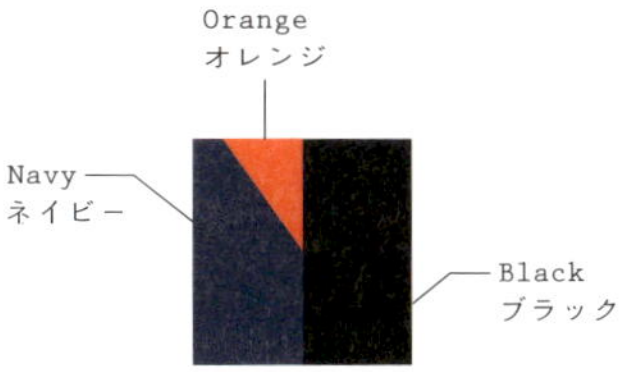

#芸術の秋

クラシカルで高貴な雰囲気

オレンジに対してネイビーは対照色相配色、ブラックは彩度差が最大でメリハリのついたコーディネートになります。オレンジは元気なイメージの色なので、大人っぽくするには低明度の深みのある色を選ぶのがポイント。

ニット　INED
スカート　IMAGE
バッグ　yokko de jolie chambre
パンプス　SESTO

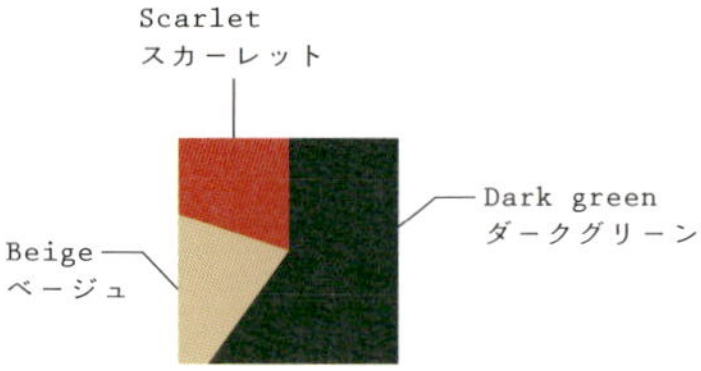

同期会

カーディガン UNIQLO
ニット UNIQLO
パンツ UNIQLO
パンプス SESTO

社交的で親しみやすい

元気で親しみやすい雰囲気のあるコーデ。オレンジは15％くらいの割合です。これは派手な感じがするという人は、腰巻きにする・肩かけにするなど面積を減らすと◎。

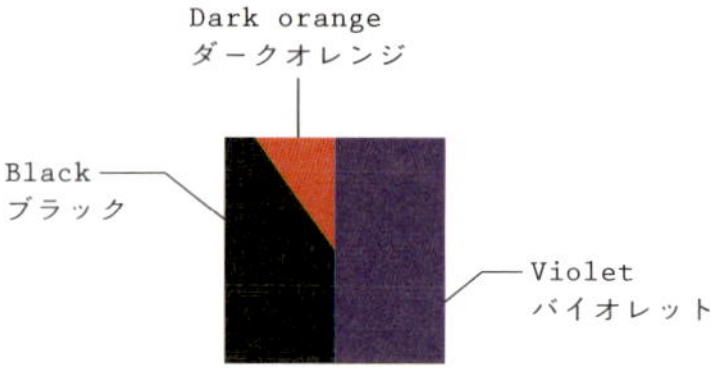

艶やかな大人の配色

ここでは靴にオレンジを使用。上下の服のいずれかの色を小物に使えば無難にまとまりますが、あえて反対の色を持ってきた例です。そのことによってより印象的になります。

ハロウィン

ニット INED
スカート Roomy's
バッグ GU
パンプス SESTO

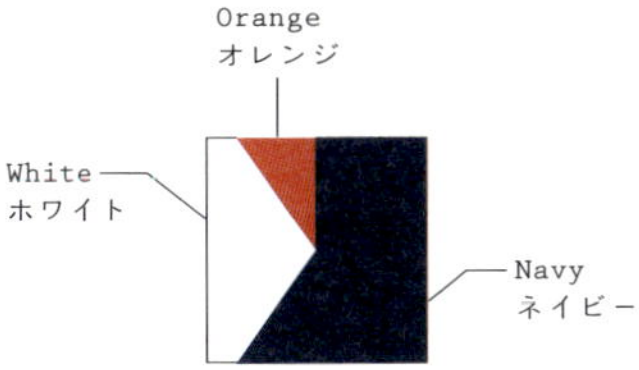

気分が上がる ビタミンカラー

アイテム自体はオーソドックスですが、オレンジとネイビーという対照の2色を合わせることでメリハリ感をつけました。初対面の人にも親しみを持ってもらえるコーデです。

#研修

カーディガン	UNIQLO
シャツ	UNIQLO
パンツ	GU
バッグ	kalie.
パンプス	SESTO

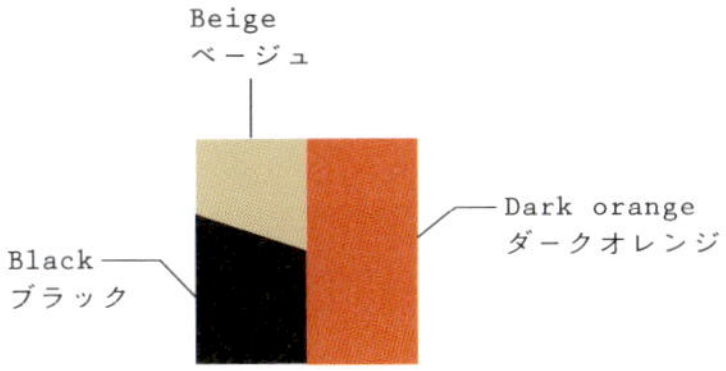

ニット	UNIQLO
スカート	UNIQLO
バッグ	story.
サンダル	Daniella & GEMMA

#タイ旅行

エスニック感と力強さ

エスニックさを感じさせるオリエンタルなコーデです。アクセントとしてはオレンジの面積が大きいですが、その分他のアイテムは落ち着いた色合いで合わせています。

ナチュラルカラーで癒やし度アップ
グリーンのコーデ

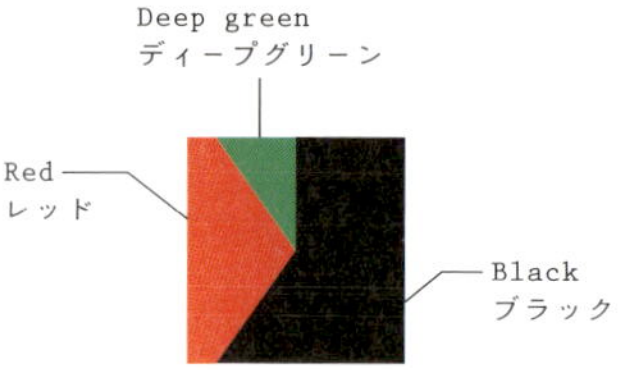

#クリスマス

ニット UNIQLO
バッグ Devilish Tokyo
スカート UNIQLO
ブーツ SESTO

冬を彩るラグジュアリー感

クリスマスカラーであるレッドとグリーンは補色色相配色となるので、互いの色を引き立てます。また、暗めのグリーンを選ぶことで、大人っぽくラグジュアリーな雰囲気に。ファーを取り入れて冬気分を盛り上げて。

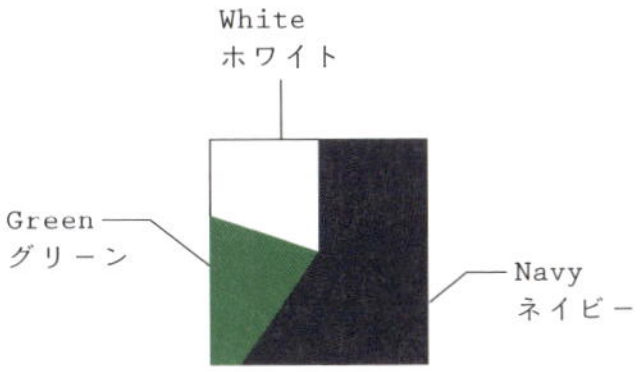

GW旅行

カーディガン	ROPÉ PICNIC
トップス	LEPSIM
スカート	BASEMENT online
バッグ	kalie.
スニーカー	adidas

ボーダーが新鮮に見える

なぜだかおしゃれに見えるネイビーとグリーンの色合わせは中差色相配色です。グリーンは彩度が高いものを選べば、大人カジュアルなイメージに仕上がります。

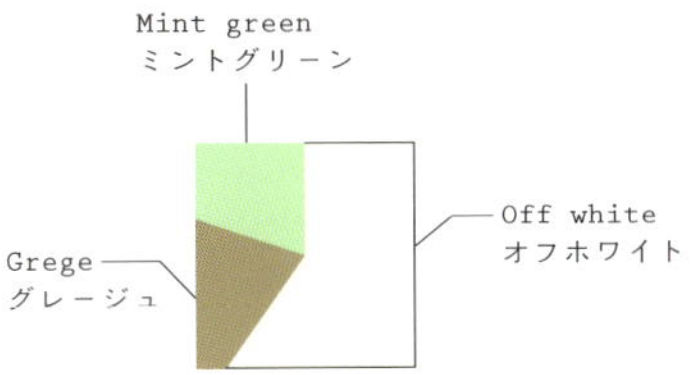

上品で優しげ

淡いトーンの組み合わせです。優しげ、控えめな印象にしたい時におすすめの配色。p72のグリーンと違い、淡いトーンのグリーンにすると、一気に若々しい雰囲気が出ます。

#ティータイム

カーディガン	Debut de Fiore
トップス	URBAN RESEARCH DOORS
パンツ	ur's
バッグ	titivate
シューズ	SENSE OF PLACE

黄色のコーデ

元気な気分になるビタミンカラー

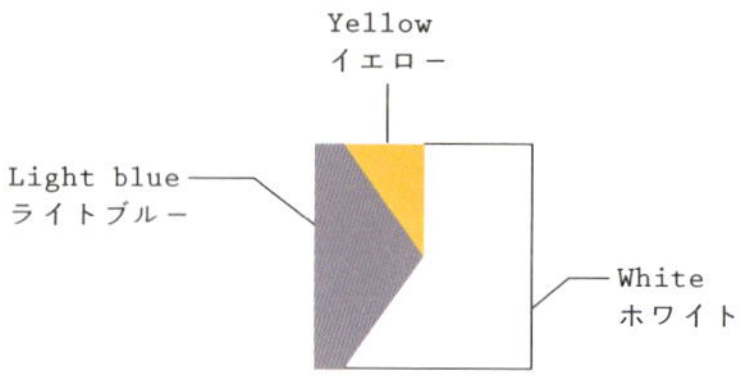

#プチトリップ

シャツ	UNIQLO
デニム	UNIQLO
バッグ	kalie.
シューズ	SENSE OF PLACE

ビビッドカラーで明快な印象

鮮やかな黄色のバッグがとても印象的なコーディネート。ブルーと白の2色だと、爽やかでクリアな印象という感じになりますが、そこに明るく、元気なイメージの黄色を入れることで、爽快な人という印象になります。

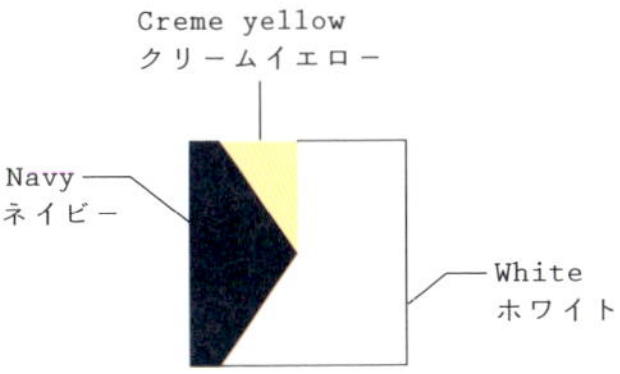

新鮮さのあるリゾートコーデ

ネイビーとイエローが補色色相・対照トーンです。色相・トーン共に反対なのでメリハリ感がある印象的なコーディネートです。スカーフもカーディガンと合わせて黄色で。

プール

ノースリーブ　IENA
ショートパンツ　ZARA
カーディガン　UNIQLO
バッグ　LEPSIM
サンダル　SESTO

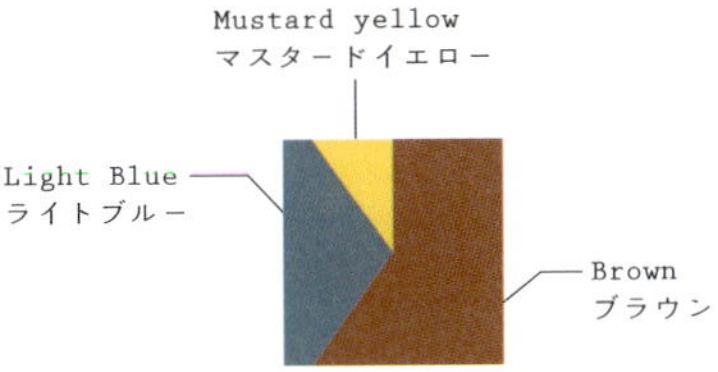

本屋へ

ニット　UNIQLO
デニム　無印良品
バッグ　Classicalelf
パンプス　SESTO

自由な大人の休日

デニムのブルーに対照色相のイエローのパンプスを投入し、メリハリ感を出しました。秋冬は写真のような暗めのイエロー、春夏は淡めかビビッドなイエローが合います。

親しみのある きちんと感

明るめのベージュに深みのある山吹色を合わせたコーディネート。まとまりのある配色ですが、トーン差があることでメリハリの効いたコーディネートになっています。

#お客さま訪問

トレンチ	LEPSIM
ニット	Roomy's
パンツ	LEPSIM
バッグ	RODE SKO
パンプス	SESTO

ニット	Roomy's
スカート	Roomy's
バッグ	Classicalelf
パンプス	SESTO

#イベント

品のある 艶やかさ

派手なバイオレットのスカートに、反対の色である彩度の低いベージュのトップスを合わせることで落ち着きのあるメリハリ感が出ます。バッグで黄色を投入してアクセントに。

赤色のコーデ

アクティブで情熱的なカラー

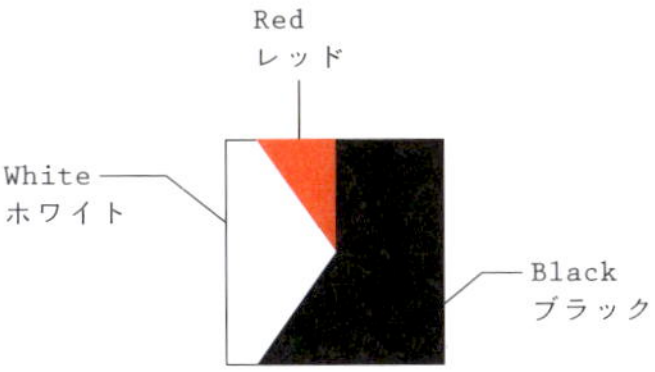

食事会

きれいめ フレンチシック

黒と白は明度差が最大。メリハリのある上品なコーディネートです。そこに、黒と白に対して彩度差が最大である赤を加えてメリハリをつけて。情熱を秘めた、高級感のあるレディスタイルの完成です。

ノースリーブ UNIQLO
スカート GU
バッグ ROPÉ PICNIC
パンプス ORiental TRaffic

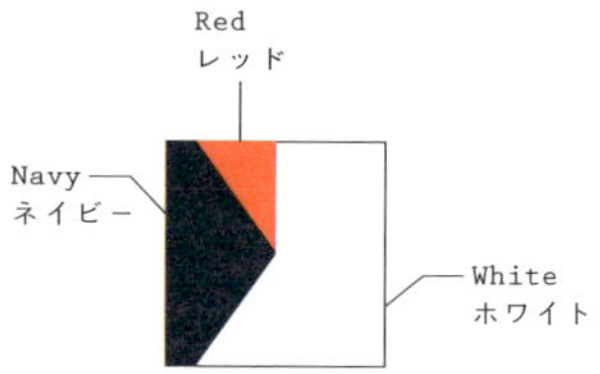

大人のマリンスタイル

代表的なトリコロール配色です。ここでネイビーをもっと明るく鮮やかなものにすると派手になりますが、ここでは抑え目のネイビーを使って大人マリンな雰囲気に。

#大人マリン

ジャケット	UNITED ARROWS
トップス	GU
デニム	UNIQLO
バッグ	ROPÉ PICNIC
パンプス	Oriental Traffic

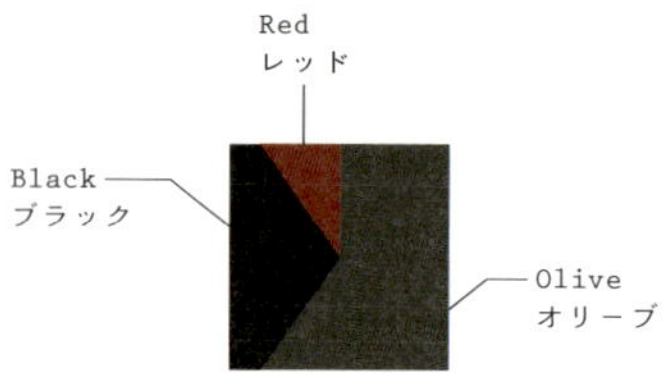

#スポーツBAR

ブルゾン	Liala×PG
ニット	IMAGE
スカート	UNIQLO
バッグ	Classicalelf
パンプス	SESTO

アクティブな大人の秋

オリーブ×レッドは中差色相配色で共通性はありませんが、おしゃれに見える配色。秋は沈んだ色になりがちですが、鮮やかな赤を投入することでアクティブさをプラス。

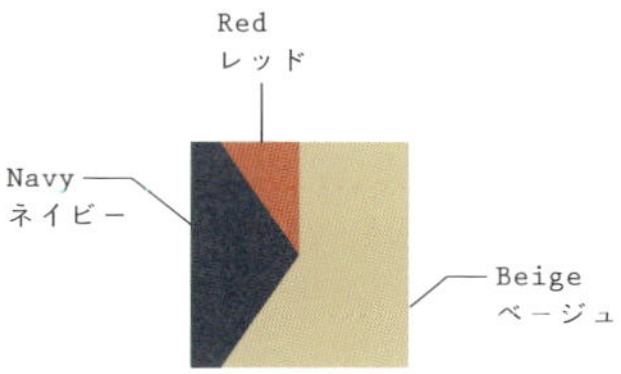

パリジェンヌ風のリッチカジュアル

トレンチ×ボーダー×赤バレエシューズという3点セットでパリジェンヌの雰囲気に。ネイビーに対してベージュは補色、レッドは対照配色なのでメリハリがついた印象に。

#美術館

トレンチ LEPSIM
トップス LEPSIM
スカート BASEMENT online
バッグ GU
バレエシューズ GU

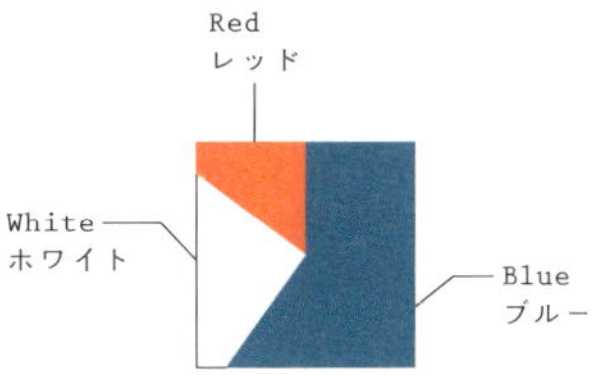

#試合観戦

シャツ UNIQLO
カーディガン UNIQLO
デニム ZARA
バッグ ROPÉ PICNIC
サンダル SESTO

明快なアクティブ感のあるコーデ

フランス国旗に近いトリコロール配色。青も赤も高彩度で明快な印象になっています。サンダルも赤だと派手すぎる印象になるので、黒を選んで視線を上半身に集めています。

おしゃれで高貴な佇まいに 紫色のコーデ

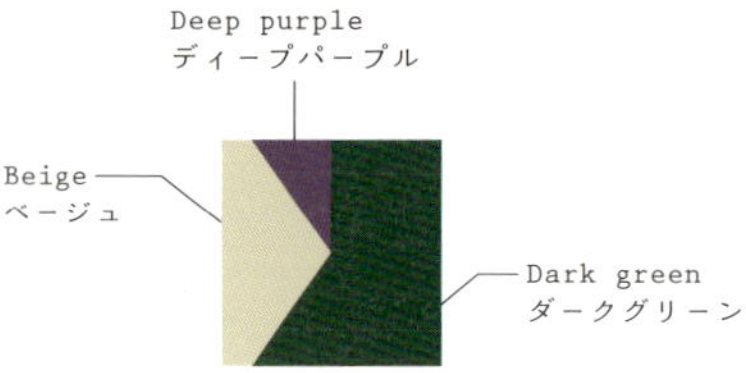

#友人と

肩かけカーデで差し色

グリーンとベージュの色合わせはカジュアルな印象になります。そこに、グリーンと対照色相配色になるパープルを加えることで、艶っぽさがプラスされたコーディネートに。一気に大人の女性の雰囲気が醸し出されます。

ノースリーブ UNIQLO
カーディガン UNIQLO
パンツ UNIQLO
バッグ Devilish Tokyo
パンプス SESTO

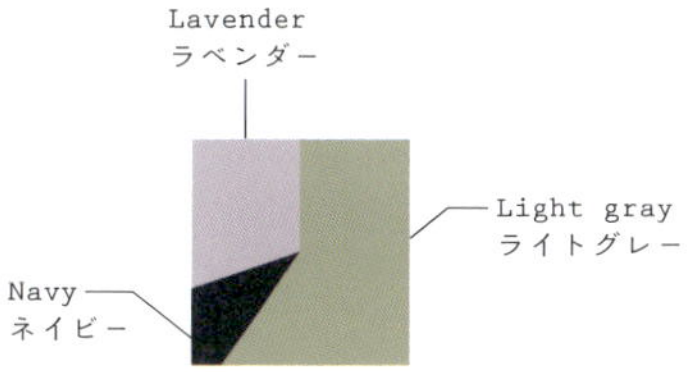

#子どもの発表会

コート JOURNAL STANDARD
ニット UNIQLO
スカート chouette
ストール Spick & Span
バッグ kate spade
ブーツ SESTO

エレガントなママスタイル

ネイビーとラベンダーは類似色相配色で、フェミニンスタイルにぴったりな配色です。ラベンダー系を多めに使った女性的なコーデにチェスターコートを入れて引き締めて。

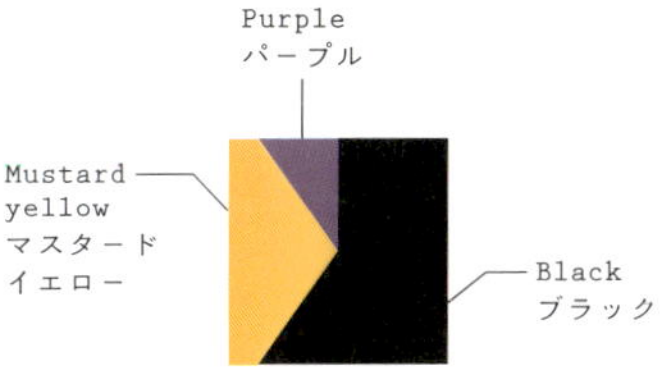

華のあるオータムコーデ

イエローとパープルは黒に対して彩度差があり、コントラスト感が強いコーディネートになります。この配色に抵抗がある場合は、黒×イエローなど、無彩色に1色高彩度を合わせてみてください。

#ビアフェス

ライダース F by ROSSO
スカート BASEMENT online
バッグ FEERICHELU
パンプス SESTO

誠実さ、信頼感を与える

青のコーデ

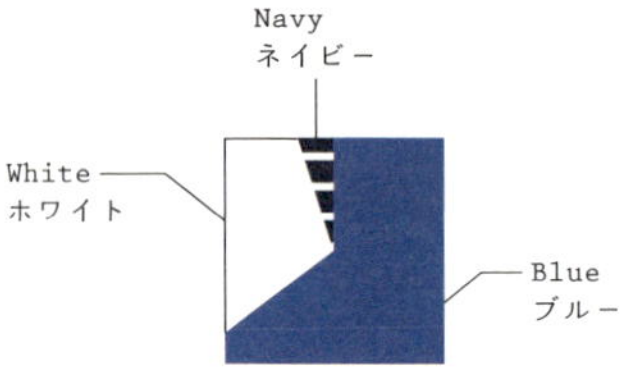

#ビーチ

爽やかなマリンルック

ホワイトとブルーだけの組み合わせなので、クリアで爽やかさ満点のコーデ。ボーダーのカーデを加えることでマリンスタイルに。2色の彩度差が大きいのでコントラスト感が強く、メリハリがついたコーディネート。

ワンピース	SENSE OF PLACE
カーディガン	UNIQLO
バッグ	LEPSIM
キャップ	ROPÉ PICNIC
スニーカー	adidas

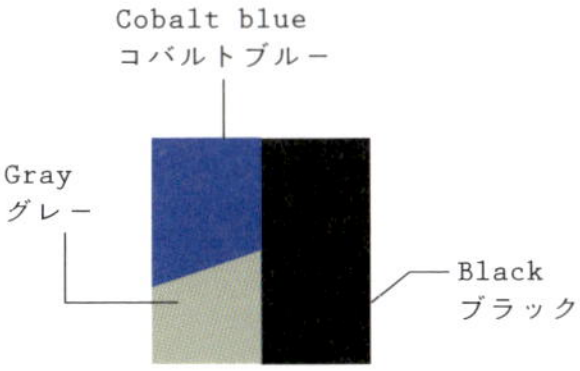

都会的なモダンスタイル

色鮮やかなコバルトブルーは相手に知的さ、冷静さを印象づけます。高彩度のブルーに無彩色の黒を合わせてモダンなスタイルに。アクセントにパイソン柄バッグを足して。

#お祝い会

トップス	SENSE OF PLACE
スカート	UNIQLO
バッグ	URBAN RESEARCH
サンダル	SESTO

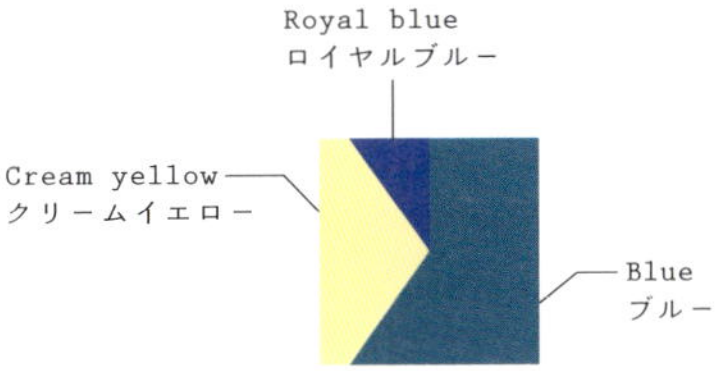

#英会話

シャツ	UNIQLO
カーディガン	UNIQLO
デニム	ZARA
バッグ	kalie.
パンプス	DONOBAN

ブルーの濃淡を効果的に

ブルーは集中力を高めたい時に効果的な色です。ブルーに対してイエローは対照色相配色、対照トーンになっていて、メリハリのある明快なコーディネートに仕上がります。

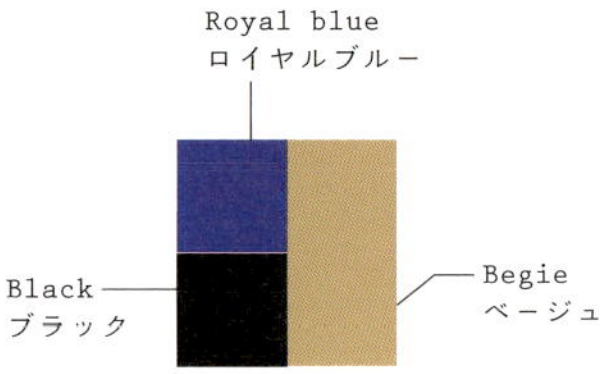

主役級の青を引き立てたコーデ

ブルーとベージュは補色の関係で、お互いの色を引き立てます。バッグ、ブーツには黒を合わせました。ヨーロピアンのクラシカルな雰囲気のコーディネートです。

図書館

ニット UNIQLO
スカート UNIQLO
バッグ GU
ブーツ SESTO

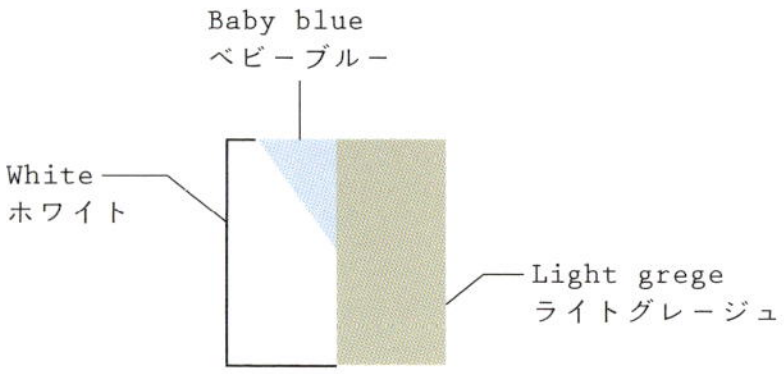

義実家へ

コート Liala×PG
ニット Dessin
パンツ LEPSIM
バッグ RODE SKO
シューズ SESTO

ソフトタッチな冬色コーデ

明度が高く淡い色同士の組み合わせのコーディネートです。誠実さ、穏やかさを印象づける配色。冬に濃い色を着たくない、優しい印象にしたい時におすすめ。

かわいらしく、女性的に ピンクのコーデ

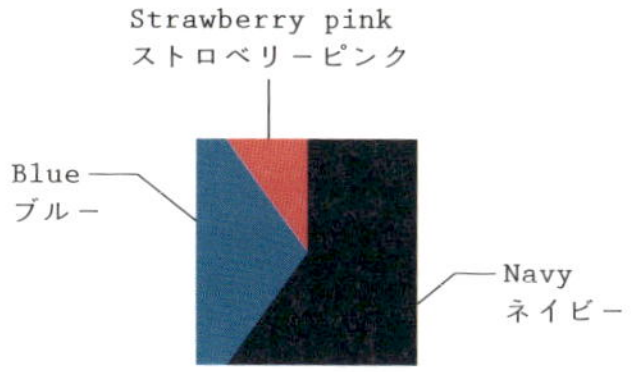

#女友達と買物

華やかピンクはカジュアルに

ネイビーブレザー×ホワイトTシャツ×デニムのハンサムスタイルもバッグ・靴をピンクにすればぐっと華やかに。彩度の高いピンクはカジュアルにも合わせやすく、いつものコーデに足すだけで大人の女性の雰囲気に。

ジャケット	UNITED ARROWS
Tシャツ	UNIQLO
デニム	ZARA
バッグ	kalie.
パンプス	SESTO

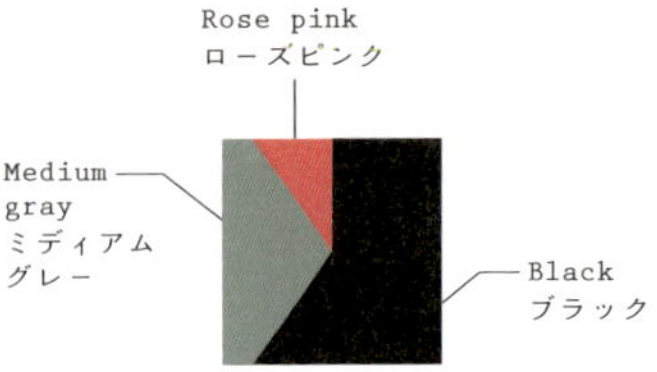

#会社の忘年会

コート	M-PREMIER
ニット	INED
パンツ	PLST
バッグ	kalie.
パンプス	SESTO

ベーシックがぐっと引き立つ

黒・グレーの無彩色に高彩度のピンクを加えたおめかしスタイル。無彩色のコーデに高彩色をアクセントで使うと都会的でモダンな印象に。服と小物の彩度差が最大となり、アクセントが効いたコーディネートになります。

CHIC

Black

Charcoal gray

Brown

Medium gray

Glege

Light gray

White

あえて色を抑える大人の配色

ここでは、無彩色（黒、白、グレー）や茶系を中心とした定番色を使ったシックなスタイルを紹介していきます。オフィスで使えそうなスタイルも多く入れました。色を多用せず、コーディネートの多くは2〜3色でまとめました。また、全体的に低彩度にしているので落ち着き感があり、どの年代の人にも受けがよいスタイルだと言えるでしょう。

シックなスタイルに色を使う時は、グレイッシュなトーンを選ぶことを意識してみてください。

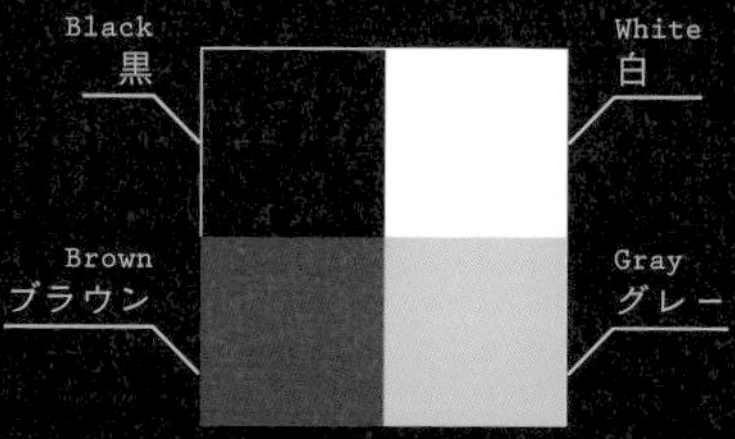

Black
ブラック

White
ホワイト

Blue
ブルー

黒のコーデ

シンプルで大人っぽいイメージに

#ミッドタウン

シックモダンなデニムスタイル

モノトーンに高彩度のブルーを合わせたシンプルモダンなスタイルです。ジャケットはテロッとした光沢感のある素材を選べば、メンズライクなスタイルでもどこか女性らしさがあるコーディネートになります。

ジャケット JOAMOM
シャツ UNIQLO
デニム ZARA
バッグ ZARA
シューズ SESTO

Chic
シック

Black
ブラック

Navy
ネイビー

Light gray
ライトグレー

パリジェンヌ的で都会的

ベーシックカラーにアクセントとして赤を使っています。辛めのコーデですが女性的なバレエシューズを加えることでグッドバランスに。おしゃれでこなれた雰囲気に。

#オープニングへ

ライダース	F by ROSSO
トップス	GU
ワイドパンツ	LEPSIM
ストール	LEPSIM
バレエシューズ	GU

Red
レッド

Black
ブラック

Deep purple
ディープパープル

#クリスマス

ニット	UNIQLO
スカート	Devilish Tokyo
バッグ	URBAN RESEARCH
パンプス	SESTO

シャープでモダン

黒に高彩度の赤と紫を合わせたシックモダンなコーデ。バッグとパンプスでパンチを効かせていますが、もう少し抑えたい時は、低彩度のシンプルなアイテムにしましょう。

Black
ブラック

Beige
ベージュ

Grege
グレージュ

洗練された大人の女性

黒とベージュの明度差でコントラストをつけたコーデ。厳格なイメージの黒に、優しげ、やわらかげな印象のベージュを合わせると、ほどよくかっこよく女性らしさも残ります。

ニット UNIQLO
スカート Liala×PG
バッグ yokko de jolie chambre
サンダル SESTO

食事会

Light gray
ライトグレー

Off white
オフホワイト

Black
ブラック

コート JOURNAL STANDARD
ニット SLOBE IENA
パンツ Liala×PG
バッグ GU
パンプス SESTO

得意先へ

真冬の都会的なシックスタイル

無彩色のアイテムのみで構成したスタイル。ゆるめのラインで動きやすくお仕事にもぴったりです。シックで大人っぽい知的な雰囲気を出したい時におすすめです。

茶色のコーデ

落ち着きのあるクラシックな装いに

Grege
グレージュ

Brown
ブラウン

#オペラ鑑賞

上品な落ち着きコーデ

同一色相でまとめたコーディネート。まとまり感があるコーディネートですが、明度差があるので適度にメリハリ感も出ておしゃれな雰囲気に。もし同系色コーデがパッとしない時はベルトなどでアクセントをつけてみてください。

ニット SENSE OF PLACE
スカート FEERICHELU
バッグ kalie.
パンプス COLE HAAN

Brown
ブラウン

brown
ブラウン

Black
ブラック

#マダムとお茶会

ニット	ROPÉ mademoiselle
パンツ	Abahouse Devinette
バッグ	GU
パンプス	SESTO

深みと渋みがある マニッシュコーデ

茶系の同系色でまとめたクラシックな配色。小物も茶色だとぼやけそうですが、バッグと靴を黒で全体を引き締めて。男性色が強いので、パールのネックレスで女性らしさを。

Marron brown
マロンブラウン

Navy
ネイビー

Olive
オリーブ

円熟した 大人の雰囲気に

ダークトーンのアイテムでまとめたコーディネート。このトーンのイメージである円熟さ、落ち着いた感じがよく出ています。年上の女性感があるスタイル。

#歓送迎会

ライダース	Liala×PG
ニット	UNIQLO
スカート	FEERICHELU
バッグ	kalie.
パンプス	SESTO

Navy
ネイビー

Brown
ブラウン

Camel
キャメル

＃秋物を買いに

Tシャツ UNIQLO
カーディガン UNIQLO
スカート UNIQLO
バッグ Devilish Tokyo
パンプス AmiAmi

Tシャツでも「きちんと感」

ネイビーのトップスに対してカーディガンとスカートが対照色相の関係でメリハリのあるコーディネート。Tシャツなのに、色味で気軽にクラシカルな雰囲気にできます。

Dusty blue
ダスティーブルー

Camel
キャメル

こなれた大人配色

コーディネートで使っているキャメルとブルーは補色の関係で、お互いの色を最大限に引き立てます。こなれた印象になり、誠実さと温かみを感じる配色になります。

＃ミーティング

トップス UNIQLO
パンツ PLST
バッグ RODE SKO
パンプス SESTO

Light brown
ライトブラウン

Black
ブラック

#レセプション

セットアップ　Spick & Span
バッグ　ZARA
サンダル　SESTO

大人の女性のお仕事コーデ

全体をブラウンのワントーンでまとめたコーデ。光沢感のあるセットアップは大人の女性の雰囲気に。同じ色だとぼやっとするので、黒のベルトとバッグで引き締めて。落ち着きのある上質なクラシカルスタイルです。

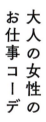

どんな色とも合う上品な調和色 グレーのコーデ

Light gray ライトグレー

Off white オフホワイト

Dark navy ダークネイビー

#銀座へ

王道のシックスタイル

白とグレーは上品に見える王道配色。無彩色＋寒色のネイビーでまとめているので、シックなスタイルになります。色を使っていない分、パイソン柄のバッグやおじ靴などでアクセントを効かせて。

ニット SLOBE IENA
ストール LEPSIM
パンツ BARNYARDSTORM
バッグ URBAN RESEARCH
シューズ SHOES HOLIC

Beige
ベージュ

Medium gray
ミディアムグレー

White
ホワイト

#打ち合わせ

ニット	UNIQLO
カーディガン	ZARA
パンツ	UNIQLO
バッグ	RODE SKO
サンダル	SESTO

大人だからこその知的印象コーデ

ベージュ×グレーは穏やかで知的な印象になります。ベーシックなこのコーデも白を加えると一気にあか抜けます。パイソン柄のパンプスを合わせて都会的に仕上げました。

Light gray
ライトグレー

Dusty blue
ダスティーブルー

Grege
グレージュ

都会的なカラーリング

無彩色＋グレイッシュな色でまとめたシックモダンなスタイル。同系色のロングカーデとハイウエストなパンツで脚長効果も抜群。ゆったりカーデでもラフになりすぎません。

#デスクワークの日

ニットカーデ	Liala×PG
ニット	UNIQLO
パンツ	PLST
バッグ	CÉLINE
パンプス	SESTO

Light gray
ライトグレー

Navy
ネイビー

Brown
ブラウン

#バレエ鑑賞

コート	JOURNAL STANDARD
ニット	UNIQLO
スカート	FEERICHELU
バッグ	kalie.
ブーツ	SESTO

格式高いクラシックコーデ

ネイビー×ブラウンは補色色相配色でメリハリのある配色です。ダークトーンで重めなので、明るめのグレーのアウターを羽織って、抜け感を出しました。

Charcoal gray
チャコールグレー

Olive green
オリーブグリーン

Black
ブラック

気分がゆったり、休日コーデ

無彩色・低明度・低彩度の色合わせはメンズライクなカジュアルにしたい時にぴったり。おじ靴とパイソン柄バッグを合わせて、落ち着いた大人の雰囲気に仕上げています。

#参考書探し

ニット	Devilish Tokyo
パンツ	GU
バッグ	URBAN RESEARCH
シューズ	SHOES HOLIC

Light gray
ライトグレー

Navy
ネイビー

White
ホワイト

#フレンチレストラン

カーディガン	UNIQLO
スカート	GU
バッグ	titivate
サンダル	SESTO

フレンチシックなレディスタイル

グレーのトップスとネイビーのスカートのトーンが対照的で、色味は落ち着きながらもメリハリのあるコーデ。小さなドット柄によって、大人っぽく仕上がっています。ホワイトのバッグ、グレージュのサンダルを合わせて完成。

Beige
ベージュ

Camel
キャメル

Brown
ブラウン

色をつなげるベージュとブラウンの中間色

キャメルのコーデ

＃絵画展

トラッド感のある秋冬コーデ

同系色でまとめた茶色～ベージュの濃淡配色です。秋にぴったりなクラシックな雰囲気でまとまり感があります。このコーデのように、色味が近い色で濃淡差をつけたコーデはおしゃれに見えます。

ニット	Aveniretoile
カーディガン	UNIQLO
スカート	UNIQLO
パンプス	COLE HAAN

Navy
ネイビー

Beige
ベージュ

Camel
キャメル

頼りになる
チームリーダー

ネイビーとキャメルは補色の関係。とてもメリハリのあるコーディネートで発表の場でも目をひきやすく、落ち着いて、頼りがいがあるように見えます。

#プレゼン

ジャケット	UNITED ARROWS
ニット	UNIQLO
パンツ	PLST
バッグ	RODE SKO
パンプス	SESTO

Camel
キャメル

Dark blue
ダークブルー

White
ホワイト

#義両親とディナー

カーディガン	UNIQLO
ニット	UNIQLO
スカート	BASEMENT online
バッグ	RODE SKO
パンプス	SESTO

落ち着いて見えて
華やかさもある

キャメル×ブルーは補色色相配色で、メリハリ感が出ます。インナーやバッグに白を使うことによってあか抜けて都会的な雰囲気に仕上がります。

White ホワイト / Beige ベージュ / Brown ブラウン / Camel キャメル

頼れる年上のおねえさん

ベージュ〜ブラウンの同系色でまとめたコーデは大人の落ち着いた雰囲気に。ヒョウ柄のパンプスでアクセントをつけて。ゆるニット×ワイドパンツはリラックス感が出ます。

#後輩とランチ

- ニット Roomy's
- パンツ Abahouse Devinette
- バッグ RODE SKO
- パンプス SESTO

White ホワイト / Camel キャメル / Black ブラック

ベーシック＋パンチのある小物

上下無地、ベーシックカラーのシンプルなコーディネートですが、パイソン柄のバッグでメリハリをつけています。こういったパンチの効いた小物は持っておくと便利。

- ニット UNIQLO
- パンツ PLST
- バッグ URBAN RESEARCH
- サンダル SESTO

#丸の内ランチ

Camel
キャメル

Brown
ブラウン

Ivory
アイボリー

#忘年会

円熟コーデに白で抜け感を

コートとパンツを同一色相でまとめた濃淡配色。落ち着き感があり大人っぽいので、オフィスにも最適。チェスターコート、おじ靴などでマニッシュに、まじめな雰囲気のあるスタイルです。白のインナーで抜け感を作って。

コート　UNIQLO
ニット　ROPÉ madomoiselle
パンツ　Abahause Devinette
バッグ　GU
シューズ　SHOES HOLIC

いつどんな時も
あなたに似合う色を知る

Part 6

PERSONAL

Coral pink

Sky blue

Saffron yellow

Billiards green

自分のパーソナルカラーを知る

その人自身が生まれ持った肌色、瞳の色などに合う色を4つに分類したのがパーソナルカラーです。ご存じの方も多いかもしれませんが、次の2つのテストで自分のパーソナルカラーを確認してみてください。

TEST 1

あなたの肌の色は？

Ⓐオークル系。色白で肌の色は明るく、艶がある

Ⓑオークル系。健康的な小麦色で肌の質感はマット

Ⓒピンクベージュ系。やや青白さがあり、赤みも出やすい

Ⓓ色白または濃いめのピンクベージュ系。

あなたの髪の色と質感は？

Ⓐ明るめの茶色系で、髪の量は少なく細め

Ⓑダークブラウン系で、髪の量は多め、太め

Ⓒ自然な黒、黒に近いブラウン系で、髪の量と細さは普通

Ⓓ漆黒のような黒色で、髪は多めで太め

あなたの瞳の色は？

Ⓐ明るめの黄みの茶色。瞳の色は薄い

Ⓑ暗いこげ茶色。瞳の色は濃い

Ⓒ明るめの赤茶色。瞳の色は薄め

Ⓓ真っ黒。瞳の色は濃い

似合うと言われるリップの色は？

Ⓐコーラルピンク系

Ⓑベージュ、オレンジブラウン系

Ⓒローズピンク系

Ⓓボルドー、真っ赤

Ⓐが多い人はスプリング、Ⓑが多い人はオータム（いずれもイエローベース）、Ⓒが多い人はサマー、Ⓓが多い人はウィンター（いずれもブルーベース）タイプとなります。

TEST 2

ノーメイク、コンタクトレンズなどを外した状態でこの4色を顔まわりに当ててみてください。一番、顔写りがよい色があなたのパーソナルカラーです。できれば、自然光の環境で行ってください。

Autumn

Spring

Winter

Summer

鮮やかな色を キュートに着こなす 「華」のある人です

- イエローベースの暖色系が似合う
- ベーシックカラーで合う色
ミルキーホワイト、ベージュ、キャメル、コーヒーブラウン、トワイライトブルー、フェザーグレーなど
- 高〜中明度が似合う

Springの人に似合う色たち

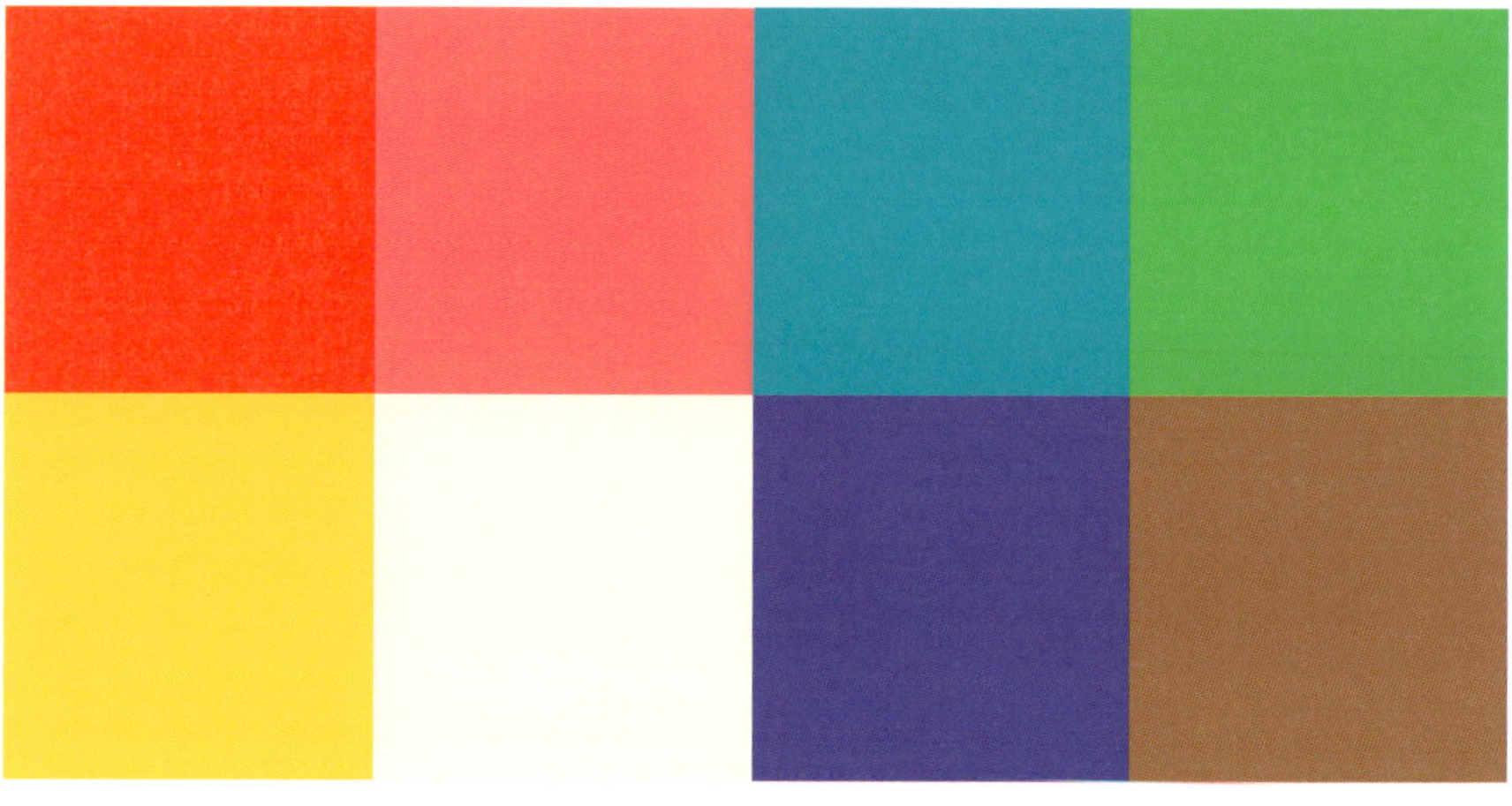

Summer
サマーのあなた

ソフトな色合いが よく似合う 上品で爽やかな人です

- ブルーベースの寒色系が似合う
- ベーシックカラーで似合う色
  オフホワイト、シャンパンベージュ、
  ココアブラウン、インディゴブルー、
  グレーミストなど
- 高〜中明度が似合う

Summerの人に似合う色たち

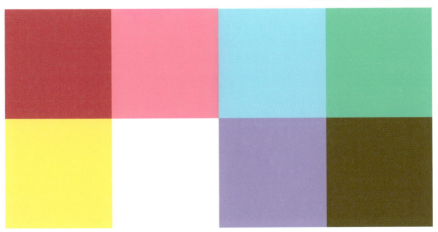

Autumn

オータムのあなた

深みのある色が合う落ち着いた大人っぽい雰囲気の人です

- イエローベースの暖色系が似合う
- ベーシックカラーで合う色
  バニラホワイト、キャメル、マロンブラウン、チョコレートブラウン、ブルーブラック、オリーブグリーン、アッシュグレーなど
- 中〜低明度が似合う

Autumnの人に似合う色たち

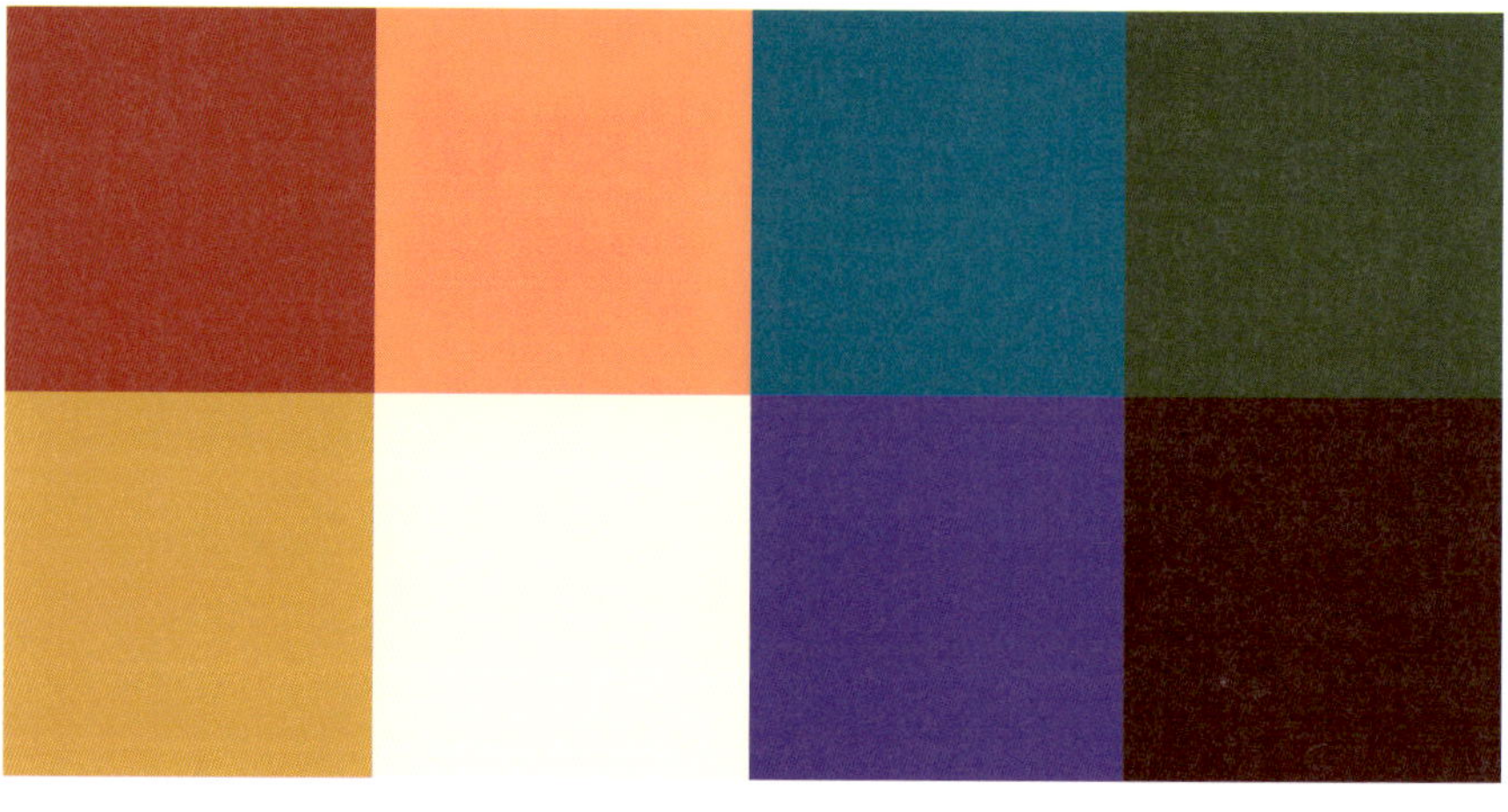

Winter
ウィンターのあなた

ビビッドカラーが しっくり決まるクールで 都会的な雰囲気の人です

- ブルーベースの寒色系が似合う
- ベーシックカラーで似合う色
  スノーホワイト、クリスタルベージュ、
  バーガンディ、ミッドナイトブルー、
  チャコールグレー、ブラックなど
- 高～低明度が似合う

Winterの人に似合う色たち

春に咲き始める花の色が似合う
スプリングのコーデ

× 小花柄

#ランチデート

大人のかわいい
華のあるコーデ

ニット FEERICHELU
スカート Liala×PG
バッグ PRADA
サンダル SESTO

スプリングが得意な多色配色のスカートを使ったコーデです。ここでは小花柄のスカートですが、色がいっぱい入っているストールなどもおすすめです。アクセサリーはスプリングに合うイエローゴールド系を合わせました。

似合うトーン
ライトトーン
ブライトトーン
ビビッドトーン

× やわらか素材

健康的に見える暖色コーデ

スプリングに似合うコーラルオレンジのトップスにキャメルのパンツを合わせました。上下ともまろやかな素材を選んで、フェミニンなスプリングスタイルの出来上がり。

#美容院

トップス Liala×PG
パンツ Alphabet's alphabet
バッグ RODE SKO
サンダル SESTO

× ギンガムチェック

パンツで締めて甘くなりすぎない

スプリングに似合う柄のひとつに細かいギンガムチェックがあります。ここでは、カーネーションピンクを合わせてキュートなパンツスタイルに。小さな水玉柄も似合います。

#エステ

カーディガン IMAGE
トップス Debut de Fiore
パンツ GU
バッグ PRADA
パンプス COLE HAAN

＝ デニム×鮮やかカラー

＃日帰り温泉

カーディガン	ROPÉ PICNIC
パンツ	UNIQLO
バッグ	FEERICHELU
サンダル	FABIO RUSCONI

華やかカジュアルスタイル

スプリングの人は、デニム＋鮮やかカラーのニットで華やかなカジュアルスタイルが似合います。ぱきっとしたグリーンにワイドデニムを合わせた元気に見えるコーデです。

× かごバッグ

秋の気分を盛り上げる

黄みの赤が似合うのがスプリング。秋カラーが苦手かもしれませんが、こちらの写真のようにベージュ・キャメル系を基本に差し色でスプリングカラーを入れると◎。

＃本屋へ

カーディガン	UNIQLO
トップス	Liala×PG
スカート	UNIQLO
バッグ	yokko de Jolie chambre
パンプス	SESTO

× ボーダー

BBQ

ボーダーが格段に新鮮見え

カジュアルが似合うスプリングには、ボーダーもよく似合います。定番のボーダーカットソーにはビビッドな色合いのスカートを合わせてよりスプリングらしい元気さを出して。スニーカーの白も生成りの白をセレクト。

トップス GU
スカート Liala×PG
バッグ yokko de Jolie chambre
スニーカー CONVERSE

上品でエレガントな雰囲気が魅力的 サマーのコーデ

× シルバー

水族館

清涼感あふれる 爽やかコーデ

サマーが得意なブルーの同系色の濃淡配色です。大きなコントラストをつけるより、濃淡で少しの差をつけ上品に。サマーはシルバー系、プラチナ、ダイヤモンドのアクセサリーが似合うので、バッグにシルバーをセレクト。

シャツ	UNIQLO
カーディガン	UNIQLO
デニム	ZARA
バッグ	kalie.
パンプス	DONOBAN

似合うトーン

ライトトーン

ソフトトーン

ブライトトーン

ライトグレイッシュトーン

× エレガントデザイン

強めのピンクも優しく見える

上下ともに、サマーの守備範囲の色。ピンクは青みのあるピンクが似合います。Aラインスカート、ワンピースのようなエレガント系アイテムが似合います。

#イタリアンへ

カーディガン UNIQLO
スカート H/standard
バッグ titivate
ブーツ SESTO

× Aラインスカート

#ワインBAR

カーディガン FEERICHELU
スカート FEERICHELU
バッグ Devilish Tokyo
ブーツ SESTO

Aラインスカートで清楚に

清楚な雰囲気のサマーに似合う上品な雰囲気のコーディネートです。紫は基本的にはラベンダー系の色が似合うので派手な紫にしたい場合もこれくらいの赤紫に抑えると◎。

＝ 全部くすみカラー

＃同窓会

ニット	UNIQLO
スカート	chouette
ストール	Spick & Span
バッグ	kate spade
パンプス	SESTO

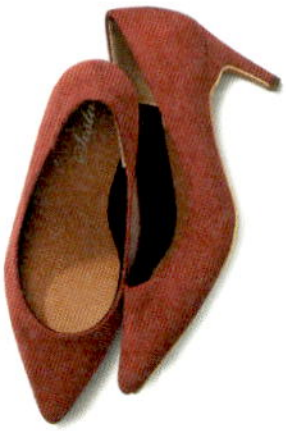

調和のとれたフェミニンコーデ

サマーによく似合うフェミニンな雰囲気のコーデで、色も得意なくすんだカラーを選んでいます。こちらも紫系の同系色の濃淡配色。女性らしく上品な雰囲気があって、会食などにも合いそうです。

× グレンチェック

モノトーンがぱっと華やぐ

サマーに似合う柄であるグレンチェックのパンツが印象的なコーデ。こちらもきちんと感がありますが、テーパード、センタープレスなどきれいめパンツがやはり合います。

#写真展

ジャケット	UNITED ARROWS
トップス	UNIQLO
パンツ	Bonn Sylph
バッグ	kalie.
ブーツ	SESTO

× ストライプ

#海へ

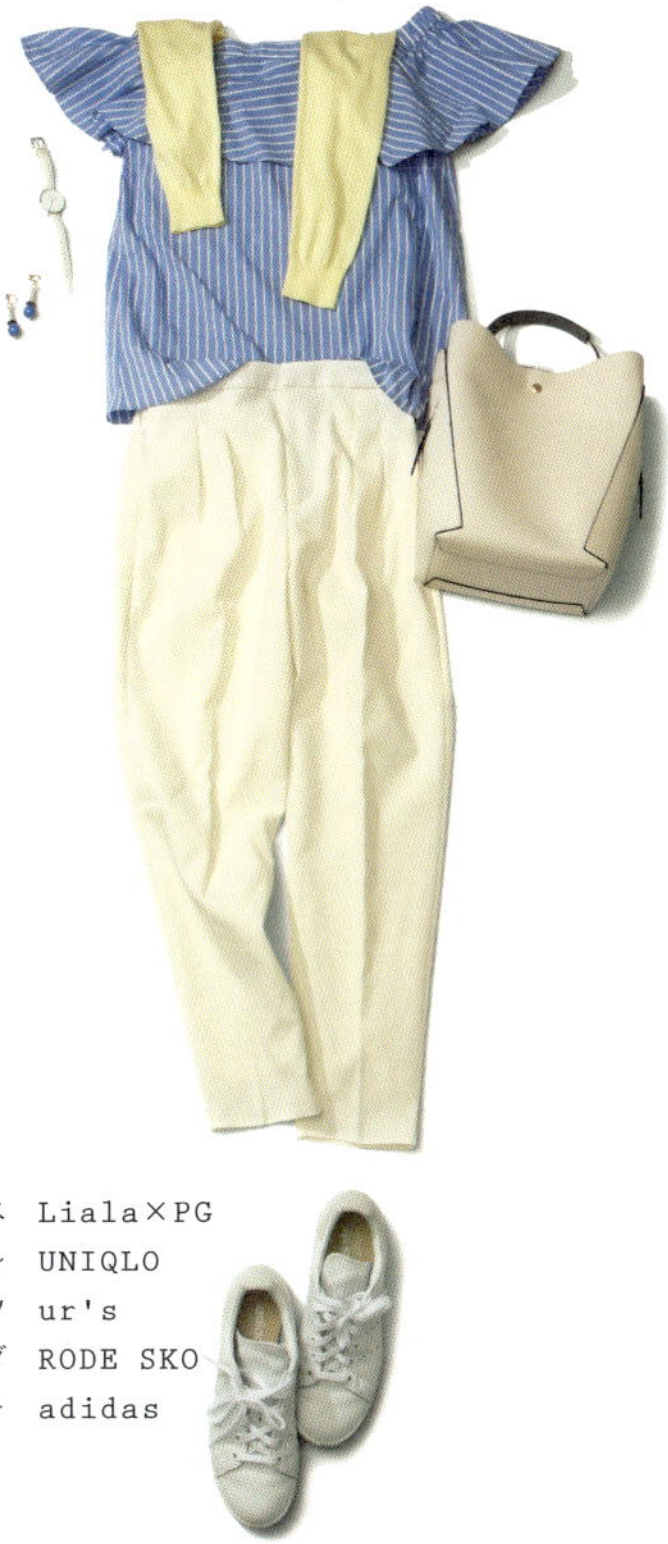

トップス	Liala×PG
カーディガン	UNIQLO
パンツ	ur's
バッグ	RODE SKO
スニーカー	adidas

一味違うのはイエローのおかげ

サマーに似合うストライプのトップスを選んだ爽やかコーデ。黄色は実は不得意なのですが、唯一似合うのはシトラスイエロー。面積を小さめに使うとうまくいきます。

クラシックでゴージャスな印象

オータムのコーデ

＝ 茶系配色

#イベント準備

同系色コーデも小物でひねりを

同系色の茶系の濃淡配色のコーデ。深くこっくりとした色の合わせで、オータムらしさ全開のスタイルです。アクセントとしてオータムの得意なヒョウ柄のパンプスを合わせました。秋らしく暖かみがある印象です。

ニット	UNIQLO
パンツ	Abahouse Devinette
バッグ	kalie.
パンプス	SESTO

似合うトーン

ダルトーン

ディープトーン

ダークトーン

グレイッシュトーン

× 革の高級感

#銀杏並木へ

ライダース Liala×PG
ニット UNIQLO
スカート BASEMENT online
バッグ yokko de Jolie chambre
ブーツ SESTO

攻めと守り、バランスを見て

こちらも同系色の茶系の濃淡配色です。このコーディネートで使っているようなライダースもそうですが、高級感のあるアイテムがオータムにはよく似合います。

× ゴールド

ウエストマークで細見え

オータムがピンクを選ぶ時は、サーモンピンクを。また、4タイプの中で唯一カーキが似合うのもオータム。茶系の小物3点セットが全体を引き締めてくれています。

#近所のママと

ニット UNIQLO
パンツ GU
バッグ Classicalelf
パンプス SESTO

＝ 秋色満載

こっくりカラーでまとめて

上下をダークトーンで合わせたコーディネート。深い色・渋い色が似合うので、明るい色を入れる必要はなし。全体に明度を上げすぎないことがポイントです。

#親戚宅へ

カーディガン	UNIQLO
スカート	FEERICHELU
バッグ	kalie.
ブーツ	SESTO

＝ 唯一合うカーキ

#野外ライブ

パーカ	Liala×PG
トップス	SENSE OF PLACE
スカート	BASEMENT online
スニーカー	CONVERSE

パーカ1つでアクティブに

パーカの色とインナーの色が補色の関係でメリハリのある印象になっています。パーカでありながらツヤ感のある素材で、大人のカジュアルを感じさせるコーディネート。

× ナチュラル

#マッサージ

トップス UNIQLO
パンツ GU
バッグ Classicaleft
スニーカー adidas

心地いい ナチュラル感

真っ白ではなく、オータムに似合う暖かみのある白をトップスに選んでいます。オータムは全体としてゴージャスなイメージですが、この写真のようなナチュラルスタイルが似合う人もいます。

個性的でスタイリッシュな印象

ウィンターのコーデ

× ライダースジャケット

#クリスマス

ライダース	F by ROSSO
ニット	INED
スカート	Roomy's
バッグ	FEERICHELU
ブーツ	SESTO

落ち着きと華やぎの絶妙バランス

ウィンターには革のライダースジャケットがよく似合います。また、黒と鮮やかな紫のコントラストの強い合わせ方もウィンターにぴったり。大ぶりなアクセサリーも似合います。選ぶなら、シルバーやプラチナが◎。

似合うトーン

ビビッドトーン

ディープトーン

ダークグレイッシュトーン

＝ 艶やかカラー

ジャズ BAR

ニット UNIQLO
パンツ Roomy's
バッグ Classicalelf
パンプス SESTO

らくちんだけど色で垢抜け

ウインターだからできる上下派手な色合わせ。こういう場合は、3色以内にまとめるのがルール。深みのあるボルドーとパープルは大人の艶やかさ、色気を演出します。

＝ モノトーン

きりっとしたクールな出で立ち

一番コントラストが強いモノトーンはウィンターにぴったりはまります。白もより似合う真っ白なスノーホワイトを選んで。クールビューティーな雰囲気に仕上げると◎。

パーティー

ジャケット JOAMOM
Tシャツ UNIQLO
パンツ UNIQLO
クラッチ ZARA
シューズ SHOES HOLIC

＝ トリコロール

#クルージング

ニット UNIQLO
カーディガン GU
パンツ UNIQLO
バッグ ZARA
シューズ SHOES HOLIC

大人のトリコロール

目が覚めるようなビビッドカラーのトリコロール配色はウィンターだから似合う配色です。ロイヤルブルーも得意な色。どこかマニッシュでかっこよさのあるスタイルです。

＝ ウインターカラー

年の始まりをエレガントに

ウィンターに似合う、ボルドーにバイオレット、チャコールグレーを合わせた冬コーデ。かっこよさとエレガントさが共存しているコーディネートに仕上げました。

#初詣

コート UNIQLO
ニット UNIQLO
スカート Roomy's
バッグ GU
ブーツ SESTO

× 強いコントラスト

#屋外イベント

脚長に見えるパンツコーデ

鮮やかピンクのトップス、イヤリングがキュートなコーディネート。ピンクとネイビーは対照トーンで、コントラスト感が強いので明快な印象になります。活動的な日にぴったり。

Tシャツ	SENSE OF PLACE
パンツ	GU
バッグ	URBAN RESEARCH
スニーカー	adidas

早川瑠里子　はやかわ・るりこ

ICD国際カラーデザイン協会認定カラーアナリスト。文部科学省後援色彩検定２級色彩コーディネーター。1983年生まれ。blog、Instagramでは配色を活かしたコーディネートを提案し、人気に。現在は、人が本来持っている美しさを開花させるサロン「fleurir（フルリール）」を主宰し、パーソナルカラー診断やおしゃれの配色レッスンを開催している。著書に『大人のプチプラコーデ』（三笠書房）がある。

ブログ　http://ameblo.jp/lapislazulimama/
インスタグラム　@rurikkomama

色使いだけで「今日おしゃれだね」と言われる

コーディネートの配色見本帖

2019年１月30日　第１刷発行
2019年３月25日　第４刷発行

著者　早川瑠里子《はやかわるりこ》
発行者　佐藤　靖
発行所　大和《だいわ》書房
東京都文京区関口1-33-4　〒112-0014
電話　03-3203-4511

ブックデザイン　吉村亮、大橋千恵（yoshi-des）
写真　原田真理、原幹和
イラスト　カシワギマリ
校正　円水社
カバー印刷　歩プロセス
本文印刷　廣済堂
製本　ナショナル製本

ISBN978-4-479-92127-1
乱丁本・落丁本はお取り替えいたします
http://www.daiwashobo.co.jp

衣装協力

- UNIQLO（ユニクロ）
  https://www.uniqlo.com/jp/
- SESTO（セスト）
  https://www.rakuten.ne.jp/gold/sesto/
- BASEMENT online（ベースメントオンライン）
  https://www.rakuten.ne.jp/gold/basementonline/
- Kalie.（カリエ）
  https://www.rakuten.ne.jp/gold/kalie
- Joint Space（ジョイントスペース）
  https://www.joint-space.co.jp/

※掲載商品は欠品・品切れの場合があります。あらかじめご了承ください。